宏观质量管理学术丛书

比较试验方法在中国产品质量治理中的应用研究

范寒冰 ● 著

中国社会科学出版社

图书在版编目（CIP）数据

比较试验方法在中国产品质量治理中的应用研究／范寒冰著．—北京：中国社会科学出版社，2018.10（2020.11 重印）

（宏观质量管理学术丛书）

ISBN 978-7-5203-3423-5

Ⅰ.①比… Ⅱ.①范… Ⅲ.①比较—试验方法—应用—产品质量—质量管理—研究—中国 Ⅳ.①F279.23

中国版本图书馆 CIP 数据核字（2018）第 246055 号

出 版 人	赵剑英
责任编辑	田 文
责任校对	张爱华
责任印制	王 超

出　　版	中国社会科学出版社
社　　址	北京鼓楼西大街甲 158 号
邮　　编	100720
网　　址	http://www.csspw.cn
发 行 部	010-84083685
门 市 部	010-84029450
经　　销	新华书店及其他书店
印　　刷	北京君升印刷有限公司
装　　订	廊坊市广阳区广增装订厂
版　　次	2018 年 10 月第 1 版
印　　次	2020 年 11 月第 2 次印刷
开　　本	710×1000 1/16
印　　张	10.5
字　　数	171 千字
定　　价	59.00 元

凡购买中国社会科学出版社图书，如有质量问题请与本社营销中心联系调换
电话：010-84083683
版权所有　侵权必究

目　　录

第一章　引言 …………………………………………………………（1）
　一　问题的提出 ……………………………………………………（1）
　　（一）问题与研究的背景 ………………………………………（1）
　　（二）定义与界定 ………………………………………………（3）
　　（三）假设 ………………………………………………………（4）
　二　国内外研究现状 ………………………………………………（5）
　　（一）产品质量治理的文献研究 ………………………………（5）
　　（二）对比较试验方法的文献研究 ……………………………（9）
　　（三）对文献的评述 ……………………………………………（11）
　三　研究内容和结构安排 …………………………………………（14）

第二章　比较试验方法的概况与理论分析 …………………………（15）
　一　比较试验方法的概况 …………………………………………（15）
　　（一）比较试验机构的发展现状 ………………………………（15）
　　（二）比较试验方法的运行方式 ………………………………（18）
　　（三）测试结果的产生过程 ……………………………………（20）
　二　进一步的界定 …………………………………………………（22）
　　（一）产品质量治理的核心利益相关者 ………………………（22）
　　（二）产品质量信息的准公共物品属性 ………………………（23）
　　（三）产品质量信息的分类与差异 ……………………………（24）
　三　比较试验方法的治理机制分析 ………………………………（26）
　　（一）比较试验方法对利益相关主体的有效激励 ……………（27）

（二）比较试验标准创新的产品质量治理机制 …………… (31)
　　（三）比较试验方法基于信息广泛传播的治理机制 ……… (33)
　四　本章小结 ………………………………………………… (35)

第三章　政府单一监管下中国产品质量治理的现状分析 ……… (36)
　一　中国产品质量治理的现状 ……………………………… (36)
　　（一）中国产品质量治理的背景与概况 …………………… (36)
　　（二）中国产品质量治理的效果 …………………………… (43)
　　（三）中国产品质量治理的经济效率 ……………………… (50)
　二　导致产品质量治理低效的原因分析 …………………… (54)
　　（一）单一的治理主体缺乏有效制度激励 ………………… (54)
　　（二）单一产品质量治理依据 ……………………………… (58)
　　（三）以政府为主导的单一产品质量信息供给 …………… (73)
　三　本章小结 ………………………………………………… (81)

第四章　国外比较试验对产品质量治理的实证研究 …………… (83)
　一　比较试验方法的变迁特征 ……………………………… (83)
　　（一）比较试验方法缘起消费社会的到来 ………………… (83)
　　（二）比较试验方法产生于质量信息严重不对称的出现 …… (85)
　　（三）比较试验方法的建立是对政府质量监管
　　　　　供给不足的补充 ……………………………………… (88)
　二　比较试验方法的产品质量治理特征 …………………… (90)
　　（一）对消费者形成实质性的影响力 ……………………… (90)
　　（二）生产商自觉遵守所制定的规则 ……………………… (91)
　　（三）与政府监管形成有效的互动 ………………………… (92)
　　（四）比较试验机构能够不依赖政府和企业独立运行 …… (93)
　　（五）比较试验方法的经济效率 …………………………… (94)
　三　比较试验方法的产品质量治理机制分析 ……………… (97)
　　（一）包容多主体利益的共同治理机制 …………………… (97)
　　（二）测试标准的创新促进产品质量提升 ………………… (101)
　　（三）产品质量信息的有效传播机制 ……………………… (109)
　四　本章小结 ………………………………………………… (114)

第五章　比较试验方法在中国的应用现状 ……………………（116）
　　一　三种不同类型的比较试验机构 ………………………（116）
　　　　（一）政府模式 …………………………………………（117）
　　　　（二）非营利企业模式 …………………………………（118）
　　　　（三）企业模式 …………………………………………（119）
　　二　比较试验方法在我国应用的问题分析 ………………（120）
　　　　（一）比较试验机构的运行缺乏有效的制度激励 ……（120）
　　　　（二）比较试验机构缺乏有效的标准创新 ……………（125）
　　　　（三）比较试验机构缺乏有效的信息传播 ……………（130）
　　三　本章小结 ………………………………………………（131）

第六章　比较试验方法对我国产品质量治理的意义及政策建议 …………………………………………………（132）
　　一　比较试验方法对我国产品质量治理的意义 …………（132）
　　　　（一）有效缓解严重的产品质量信息不对称 …………（132）
　　　　（二）以满足需求的标准升级促进产品质量提升 ……（133）
　　　　（三）激励社会组织与市场主体参与质量的共同治理 …（135）
　　二　我国建立比较试验方法的可行性 ……………………（136）
　　　　（一）社会组织管理制度的改革 ………………………（136）
　　　　（二）标准体制的改革 …………………………………（137）
　　　　（三）互联网发展提供的平台与机遇 …………………（138）
　　三　比较试验方法建立的路径 ……………………………（139）
　　　　（一）由政府参与设立比较试验机构 …………………（139）
　　　　（二）设计比较试验机构的竞争与监督机制 …………（140）
　　　　（三）比较试验测试标准的保护 ………………………（141）
　　四　本章小节 ………………………………………………（142）

第七章　结论与展望 ………………………………………（143）
　　一　主要研究结论 …………………………………………（143）
　　二　进一步的研究方向 ……………………………………（144）

参考文献 ……………………………………………………（146）

致　谢 ………………………………………………………（158）

第一章 引言

一 问题的提出

（一）问题与研究的背景

在市场经济的商品交易中，信息不对称是阻碍交易行为产生的核心因素，甚至可能由于信息不对称程度过高，而导致某一类产品市场交易的消失（Akerlof，1970）。这是诺贝尔经济学奖获得者 Akerlof 教授在 1970 年时所论证的观点，也是一个目前在我国正逐步成为事实的一种现象——中高端奶粉市场就是一类典型的正在逐步消失的市场。此处所说的市场逐步消失，并非是因为消费者改变了消费习惯不再需要奶粉这种产品，而是国内有相应经济承受能力的消费者，都放弃购买国产奶粉，转而采取各种可能的渠道购买进口或外资品牌的奶粉。根据国际知名市场调查机构 AC 尼尔森，以及中国乳制品行业协会分别调查的数据显示，我国在 2008 年前后进口奶粉的市场占有率约为 30%，而在 2013 年已经达到 70% 以上，中高端市场的市场占有率已超过 80%，特别是在一线城市这一比例已经超过 98%。[①] 在"三聚氰胺奶粉"事件的冲击之下，消费者由于缺少有效的质量信息来判断国产品牌奶粉的质量，因而选择退出国产奶粉这一市场，转而选择购买认为质量可靠的进口奶粉。这一市场萎缩的现象不仅发生在国产奶粉市场上，在其他产品市场也多有发生，特别是食品、高端消费品等市场，近年来快速增长的大众

---

① http://www.tianinfo.com/news/news5871.html；http://finance.ce.cn/rolling/201209/03/t20120903_16938116.shtml；http://finance.ifeng.com/news/bgt/20120605/6564791.shtml。

消费品海外代购、出境购物都是这一现象的佐证。

商品交易中的信息不对称，源于消费者在作出购买决策时，缺少权威、准确，特别是足够数量的产品质量信息作为决策的支撑。为了促使交易的达成，产品的生产厂商往往通过一些抵制性机制，包括品牌、连锁店、许可等（Akerlof，1970；Barzel，1982），来降低消费者的感知风险，进而降低信息不对称的程度。在我国，生产企业往往综合运用多种抵制性机制，试图降低与消费者间的信息不对称程度，如蒙牛、伊利等国内大型乳制品企业所推出的"特仑苏""金典"等高端品牌、品牌专卖店、特许经销商等措施，但仍然无法阻止消费者从国内市场中流失。

那么反观消费者所转向的市场——发达国家和地区的产品市场，与我国的产品市场在产品质量信息的不对称程度上究竟有何不同呢？除了企业所提供的产品质量信息，发达国家和地区的政府出于安全、卫生、健康、环保等社会公共管理职能的考虑，建立了一系列的产品质量信息收集与发布体系，如美国政府建立的国家电子伤害监测系统（National Electronic Injury Survailance System，NEISS），欧盟委员会建立的非食品类消费品快速预警系统（The Rapid Alert System for Non – food Consumer Products，RAPEX），日本国民生活中心建立的全国消费生活情报网（PIO – NET）等。除此之外，发达国家和地区的消费者还有另外一种产品质量信息的来源——比较试验方法，在消费者的购买决策中扮演了非常重要的角色。以美国为例，美国消费者在购买汽车、家用电器、食品、保健品等消费品时，往往先购买、查阅《消费者报告》（Consumers Reports，CR）——一份由企业与政府之外第三方非营利消费者组织所创办的杂志，从刊登的测试结果中获得所要购买产品的相关质量信息。《消费者报告》只是比较试验方法传播产品质量信息的代表，还有诸多类似的机构在从事着第三方产品质量信息的供给，并已被消费者甚至企业、政府广泛的使用与采纳，起到了很好的产品质量治理作用。

对国外与我国产品质量治理的简单对比就可以看到，虽然我国政府在履行产品质量治理职能的过程中，为消费者提供了一定的质量信息，但同时更为缺乏的，是由第三方机构通过比较试验方法所提供的产品质量信息。比较试验这样一种产品质量治理的方法在美国已经存在了近90年，在欧盟、日本等主要发达国家和地区，也在第二次世界大战结束之后陆续建立起来，在很多国家已经存在了超过50年。然而在我国，与其他国家的比较试验方法往往只用 3 年至 5 年就能产生良好效果所不同的是，从 1995 年第一次出现一个组织开始尝试开展比较试验测试至今，虽然陆续出现一些机构试图进入这一领域，但 20 年来这一方法在我国并未真正有效地运行，没有达到提供大量产品质量信息、真正为消费者降低购买决策中信息不对称的效果，并没有起到这一方法本应能发挥的产品质量治理作用。

因此，本书所研究的问题是，比较试验方法对产品质量治理的内在机制，及其在中国建立的实现路径。

（二）定义与界定

本书中出现的质量，指的是在日常生活中，可被消费者用货币进行交易的实物商品和服务的质量，而不包括工程和环境的质量。由于实物商品和服务本身都属于企业经营活动的产出，且很多时候会同时提供给消费者，因此本书统一称为"产品质量"。国际标准化组织（ISO，2000）将产品质量定义为"一组固有性能满足要求的能力"，既包含基于技术标准的符合性而对产品安全性和固有特性的评价，也包含基于消费者体验对产品使用满意度的评价。本书中所出现的质量信息，指的是产品质量信息，或与产品质量相关的信息。

治理（Governance）作为一个 20 世纪 90 年代之后兴起的概念，全球治理委员会[1]（1995）将治理定义为：治理是各种公共或私人的个人和机构管理其共同事务的诸多方式的总和，是使相互冲突或不同利益得以调和并且采取联合行动的持续过程。这既包括有权迫使人们服从的正式制度安排和规则，也包括各种人们同意或认为符合其利益的非正式制度安排。[2] Rosenau（2001）将治理定义为一种由共同目标支持的一系列活动领域里的管理机制，虽然未能得到正式授权，这些管理活动的主

---

[1] 全球治理委员会，是 1992 年由瑞典总理 Ingvar Carlsson 和英联邦秘书长 Shridath Ramphal 共同作为主席，并由时任联合国秘书长 Boutros Boutros-Ghali 全力支持的一个国际组织。

[2] 原文为：Governance is the sum of many ways individuals and institutions, public and private, manage their common affairs. It is a continuing process through which conflicting or diverse interests may be accommodated and co-operative action taken. It includes formal institutions and regimes empowered to enforce compliance, as well as informal arrangements that people and institutions either have agreed to or perceive to be in their interest。

体也未必是政府，但却能有效发挥作用，也无须依靠国家的强制力量来实现。因此，本书中对于产品质量治理（product quality governance，也简称为"质量治理"）这一尚未有约定俗成含义的概念，借用成熟的治理定义将其界定为，对产品质量问题进行管理的一系列制度、机制的总和，既包括出自于政府的产品质量监管，也包括出自政府之外组织的共同治理。质量监管（quality regulation），在本书中专指政府对产品质量的规制性监督与管理。质量技术机构，指的是开展检验、检测、认证等第三方质量技术中介服务的机构。

本书所出现的比较试验（comparative product testing），并不是单纯意义上对两个或多个相同或相似的物品，进行相同的测试后对比测试结果的活动，而指的是通过对同一类型的不同品牌产品或服务，用同一标准、同一规则进行测试，并相互比较产品或服务优劣的一类行为。国际上主流的比较试验操作方式，是由从事比较试验的机构以消费者的身份，独立、隐秘地从市场上购买不同品牌的同一类型产品，每个品牌购买一件或少数几件，依据本机构制定的测试标准（包括客观测试和消费者主观测试），在匿名的质量技术机构进行独立的测试，并对结果进行打分和排名。比较试验机构，指的是以比较试验作为日常经营活动中主要组成部分，或主要收入来源的机构。比较试验测试结果，指的是比较试验机构根据其自定的标准进行测试所发布的测试结果。本书提到的比较试验的标准，指的是比较试验机构基于产品测试的需要，按照机构宗旨所制定的一系列测试准则（criterion），与通常所说的技术标准有一定区别。

（三）假设

针对本书所研究的问题，提出如下假设：

假设一：以政府为主导的产品质量治理模式，是中国产品质量治理绩效不高的主要原因。不论是制度经济学还是法经济学，都强调从绩效的角度对制度运行的效果进行评价。现有理论对于绩效的评价，从经济学、公共管理、社会学等不同的学科视角，都有其不同的评价理论框架。本书主要从两个方面对质量治理制度的绩效进行评价，一是从消费者的角度对治理效果的满意度进行测评；二是对制度的经济效率，即主要从产出和成本收益分析的角度进行评价。中国现有的产品质量治理制度，已形成由政府占主导地位的治理模式，这一治理模式无法破解缺乏制度激励和信息效率的弊端，因而在这一制度框架内即使继续加大投入或作出改进，也很难提升制度的边际产出，反而大大提高了制度运行的成本。

假设二：比较试验方法能够有效弥补政府质量治理的不足。比较试验方法是一种从消费者主体为出发点的质量治理方法，通过第三方非营利性消费者组织的治理结构安排，产品标准的创新与竞争，以及信息传播方式的创新，有效地解决了政府质量治理中所存在的弊端。一方面，消费者作为比较试验方法的受益者与间接发起者，确立了比较试验方法代表消费者利益的实质，同时也化解了治理制度缺乏有效激励的可能性；另一方面，比较试验机构自利性的产品标准创新与竞争，以及信息传播的行为，有效缓解了质量治理中普遍存在的信息效率低下的困境。因此，在我国现有的政府质量治理制度框架之外，引入比较试验方法这一增量，能够对当前的产品质量治理形成有效的补充。

假设三：机制设计的创新，是中国应用比较试验方法的实现路径。在我国过去已有的比较试验案例中，由于宏观制度的约束使得比较试验的运行机制，一直存在缺乏制度激励和信息传递效率低的问题，从而导致比较试验方法一直无法在我国真正有效地建立并发挥作用。在我国正在进行中的经济体制改革，使得约束比较试验方法的宏观制度环境得以改变，同时国内也已具备相应的经济社会发展和消费者条件。因此在这一宏观环境之下，通过机制设计的创新，特别是利益相关主体的激励相容机制，以及信息传播机制的设计，能够显著提升比较试验方法在我国成功建立的可能性。

二 国内外研究现状

（一）产品质量治理的文献研究

产品质量问题作为治理制度领域的一个研究对象，在20世纪60年代之后国内外不少学者都对这一问题有一定研究和涉及。这里所指的质量治理制度，既包括出自于政府的正式质量治理制度，也包括出自于政府之外组织的非正式治理制度，还包括确保这些制度有效实施的执行机制。(North, 1981) 这些研究中对于产品质量研究的对象, 多选取食品、药品这类所有消费者都会购买的产品, 同时也是存在最多安全隐患、最需要进行质量治理的产品领域。

多位学者从政府规制目的、现状、绩效的角度研究产品质量治理的问题。Spence (1977) 认为一个产品应当是一组特性的组合, 包括价格、质量安全风险出现概率的空间分布, 以及预防质量安全风险的一个保险策略, 仅仅由于产品可能导致质量安全风险这一点, 并不应该作为市场干预的理由。French 和 Phillips (2000) 对 1875—1938 年英国的食品安全立法的研究指出, 这一规制行为的目的是提升传统食品制造商和分销商的市场势力, 以防止被拥有新的、低价制造技术的食品生产商所替代。Dupre (1990, 1999) 对 1886 年之后北美洲乳制品产业监管的研究也得出相似的结论, 认为食品安全立法的目的是给某些类型食品创造市场。Shah 等 (2007) 从历史演进的视角, 研究了美国食品与药物管理局 (FDA) 在美国产品质量安全监管中所扮演的角色。程虹等 (2012) 对美国政府产品质量监管体制, 特别是联邦政府主要产品质量监管机构的研究指出, 美国政府主要通过风险驱动、独立监管和共同治理的方式, 设置相应的产品质量监管机构, 并整合市场和社会的资源对产品质量问题进行治理。Oi (1973) 对产品质量安全规制的研究认为, 政府干预会造成消费者福利的减少。Law (2003) 对美国政府食品安全监管的研究认为, 由于技术进步的原因导致声誉机制无法保证食品安全, 因而政府通过监管来试图解决信息不对称的问题, 但效果并不明确。Yasuda (2010) 从实证和理论的视角, 对美国质量治理中主要食品安全规制的绩效进行了检验和分析, 证明了政府加强食品安全的规制, 并没有相应的降低食品安全问题发生的数量, 因此在再次出现食品安全事件时, 规制机构应当停止寻求更高的预算和规制行为。用政府干预来解决食品安全中信息不对称的问题, 是缺乏经济合理性的, 在成本收益分析中无法得到经济有效的结论, 因为政府天然缺乏获知消费者需求的能力, 政府用于纠正市场无效的干预造成了新的无效率, 无法提供消费者真正需要的食品安全水平。王永钦等 (2014) 认为监管制度的不力和公众对监管制度的不信任, 是中国信任品行业危机的重要原因。

多位学者对非政府主体的产品质量治理现象与效果, 以及产品质量治理的方法和工具进行了研究。Havrilesky (1974) 提出, 产品质量的信息不对称问题有时可以靠市场化的方案来解决，比如品牌、产品保证、服务合同，以及老式的消费者检测、实验和口碑。更重要的是信息中间人，比如消费者联盟（Consumers Union，CU）。但是，由于产品质量信息的公共物品特性导致的"搭便车"行为，使得信息中间人很难靠销售信息获利，阻碍了这一信息服务的供给。Hansmann（1980）在对非营利企业角色的研究中，将CU定义为商业共同型非营利组织，非分配约束使得当市场上出现"合约失灵"时，非营利组织是优于政府和一般企业的服务提供者。

质量治理的方法和工具，包括（而不限于）质量标准、认证、实验室认可、检验检测、计量、风险控制等多种用于确保质量治理制度有效实施的执行机制。Krislov（1997）认为标准化最重要的副产品是美国的消费者运动，特别是比较试验行为的出现。Leland（1979）将市场信息不对称导致质量下降视为一种常态现象，认为设置最低质量标准或"许可证"要求（不一定是政府强制的）虽然不是最佳的解决途径，但在供应商提升质量且机会成本下降的这一类型市场上，总会是一种有效的解决途径。如果由专业的行业组织设定最低质量标准来进行自我规制，这一标准经常被设置得过高（有时过低）。标准是市场经济运行的一种基础秩序，主要由社会组织提供供给，通过降低质量的衡量成本和交易成本，以使经济交易和社会规则得以达成。周燕（2010）以中国强制性认证产品为例研究政府监管中的负效应，认为政府强制性质量认证制度，并不能有效提升所认证产品的质量，认证主体应由市场机构、行业协会、政府机构共同组成，并形成良性竞争的局面。郭力生等（2005）、范寒冰（2012）等对美国、欧盟、日本、澳大利亚等主要发达国家和地区的实验室认可制度进行了研究，认为美国、德国和日本采用了一种可由多组织认可、比较分散的实验室认可体制，其他国家则采用由单一组织认可的体制。其中，除美国、德国和日本的某些政府部门基于监管目的，对本机构监管领域产品进行检测的实验室进行认可之外，其余均由非营利性的公司或社会组织提供。

多位学者对产品质量治理的优化方法和路径进行了研究。Stoker（2006）认为有效治理的核心在于建立恰当的"授权机制"，恰当的激励能导致期望的结果。Goldberg（1970）认为产品质量安全规制政策中的核心影响因素就是不完全的消费者信息。程虹等（2012）借鉴美国政府的产品质量监管模式，提出基于风险的自然演进来持续完善中国的质量管理体制，并在现有国情的框架内构建政府主导的质量共同治理模式，更多地发挥企业市场主体和社会组织主体的治理功能。颜海娜等（2009）对中国食品安全监管体制的演变分析提出，制度变迁的收益与成本的考量是食品安全监管制度变迁的支配性因素，制度环境所提供的机遇窗口使制度变革得以可能，外部性与部门机会主义行为是制度变革的主要关注点，而路径依赖是制度变革的重要约束力量。李酣（2013）认为，对监管者的"过度问责"致使质量安全监管部门倾向于采用临时性、运动式的措施来干预企业的微观生产行为，形成对企业的"过度规制"，反而不利于企业履行自身的质量安全责任。因此，应该针对企业建立激励和约束相容的质量安全责任机制，让企业成为真正的质量安全市场主体。王常伟等（2013）认为政策制定者可以通过对选择变量的设定，激励食品安全行为主体按最佳的期望行为进行决策，进而提升食品安全的保障水平。周玲等（2012）提出以风险监管作为提升我国产品质量安全管理的路径。程虹等（2011，2012）基于对美国国家电子伤害监测系统的研究，设计了在中国建立面向风险监控的"产品质量伤亡统计系统"，并提出通过建立基于大数据和语义分析的互联网质量安全监测平台，来提升我国产品质量治理能力。龚强等（2013）认为以社会监督为核心的信息揭示是提高食品安全的有效途径，规制者根据食品安全生产的要求和特点，界定企业需要揭示哪些生产和交易环节的信息，能够为社会、第三方、相关监管部门提供监督的平台。尽管企业可能提供虚假信息，但由于引入了社会各方面资源的监督，企业的不良行为更加容易被发现，并可能承担严厉的社会惩罚，企业生产劣质食品的动机降低。尽管价格管制能够提高消费者福利，但会导致食品安全整体水平下降，降低社会总福利。汪鸿昌等（2013）从不完全契约理论和信息技术视角探讨如何选择更好的制度安排以更有效地解决食品安全问题。研究发现，由于契约的不完全性，传统信号发送和信息甄别制度对食品中的经验品和信任品失灵，但通过信息技术带来的信息透明和信息可追溯，可以部分解决不完全契约导致的问题。进一步，由信息技术与契约构成的混合治理机制，如全供应链信息披露制度，比任何单一方式都能更有效地确保食品安全。

（二）对比较试验方法的文献研究

比较试验作为一种现象产生于 20 世纪 20 年代，而作为一种比较广泛采用的质量治理方法，则开始于 20 世纪 50 年代，对比较试验方法的学术研究，在美国和欧洲集中出现于 20 世纪 60 年代之后。这些研究主要从测试结果及其传播，对消费者的影响，以及对生产商和经销商的影响三个维度展开。

1. 对比较试验测试结果及其传播的研究

对比较试验测试结果的研究，主要包括测试结果与产品质量和产品价格关系的研究。Morris 和 Block（1968）以及 Morris 和 Bronson（1969）对美国比较试验测试结果的研究，试图揭示被反复测试产品的质量是否得到提高，但由于测试标准的不断提高，测试结果从数值上来说并没有升高的趋势。德国商品检验基金会（SW，Stiftung Warentest，1976—1985）和 Beier（1978）的研究证明，测试结果被评为"很好"的产品价格普遍高于被评为"良好"的产品，而在同被评为"良好"的产品间，评价稍高的产品并不一定总是比评价稍低的要贵，有时反而性价比更高。Oxenfeld（1950）、Friedman（1967）、Morris & Bronson（1969）、Sproles（1977）、Riesz（1978，1979）、Diller（1977，1988）、Fürst（2004）和 Böhm（2007）等人，分别针对美国和德国不同时期比较试验测试结果和被测试产品价格的相关性做了研究，结果表明这一相关性很小，甚至在食品等产品领域出现了负相关的关系，表明消费者除了对产品质量本身的要求之外，产品附加的服务价值也是其评判的依据（Inkamp，2002）。

对比较试验测试结果传播的研究，主要包括对其传播渠道的研究，以及对受众人群的特征研究。Silberer 等（1984）针对年龄在 16 岁至 70 岁之间的 2017 人的调查显示，大众传媒、供应商广告和私下交流是比较试验测试结果主要的传播渠道。Thorelli 等（1975）对美国和西德比较试验测试结果的比较研究表明，测试杂志订阅者都呈现出男性、已婚、中年、较高学历、较高职业地位、拥有较高家庭收入，以及装配更好家用器具设备的比例要高于平均水平的特征。

2. 比较试验对消费者影响的研究

比较试验对消费者影响的研究，主要集中于比较试验的测试结果对消费者购买决策的影响力，以及在不同类别产品、国别和测试报告形式间影响力的差异。Hempel（1966）采用在实验室模拟购物情境的试验方法，针对比较试验测试结果和销售员的话术对被试消费者产品质量评价的影响做了比较研究。结果表明，无论是比较试验测试结果还是销售员的话术，都会对消费者的产品质量评价产生显著影响。测试结果与被试者的预期越不相符其影响越大，而销售员的话术越是涉及主观指标，如设计、颜色等未包含在比较试验内的指标，其影响就越大。Marquardt 和 McGann（1974）对美国市场的研究证明，对于不使用比较试验测试信息的消费者而言，产品的价格对于质量的感知和评价是非常有误导性的，但从广告的视角来说，广告投放特别多的产品获得了不寻常的质量高评分。欧共体委员会（1976）在对欧共体 9 个国家中，比较试验测试结果对消费者购买习惯影响的调查研究表明，28%的消费者购买习惯因此而改变，在德国这一比例达到了 40%。

Thorelli、Becker 和 Engledow（1975）对美国和联邦德国比较试验测试结果长期使用者的调查显示，购买决策对测试结果的利用集中体现在耐用消费品上。以往的购买经验以及比较试验测试结果，在消费者作出购买决策时具有类似的重要性。美国和联邦德国的消费者都重视产品性能和使用寿命，但美国消费者更注重品牌声誉、经销商声誉和经销商的所在地，而西德消费者则更注重客户服务、保修、信息可用性、使用经济性和设计。对于汽车类产品来说，美国消费者远比联邦德国消费者更加经常采用测试报告，更重视品牌声誉和价格，而使用寿命和经济性则不太重视，但这一结果与所调查的联邦德国比较试验杂志中很少有汽车测试有关。Silberer 等（1984，1985）针对消费者在购买耐用品和大众消费品时，对比较试验测试结果的关注行为开展了面向 14358 人的大规模调查研究，结果显示 28%的消费者在购买家用电器和音响设备、29%的消费者在购买照相机、15%的消费者在购买婴儿食品，以及 17%的消费者在购买洗衣粉时会利用比较试验的测试结果，且都是较为富裕的人群所占的使用比例稍高一些。对于耐用消费品的购买决策，消费者会更加频繁地阅读详细的比较试验测试报告，也要更加频繁、有针对性地获取测试信息，并且关注程度要深入得多。36%的消费者以测试结果的总分作为购买依据，14%的消费者同时关注细节分项分数，对于大众消费品来说，这一比例分别为 46%和 6%。同时，消费者愿意为质量更好，也就是测试结果分数更高的产品支付更高的购买价格，这一点在耐用消费品的购买上比大众消费品更明显。

3. 比较试验对生产商与经销商影响的研究

比较试验对生产商和经销商影响的研究，主要从测试结果对市场结构、生产商的产品策略、质量创新行为等角度，以及对经销商销售策略、广告策略等角度展开。Beem 和 Ewing（1954）对美国 40 位产品销售总监的问卷调查显示，其中一半调查对象认为比较试验的测试结果，促进了他们的产品直接或间接的质量改进。Fritz 等（1984）对德国 53 家家用电器和音响的大型生产商，以及 159 家家用电器和消费类电子产品经销商的调查也显示，大多数生产商对比较试验的测试结果进行系统性分析，大约三分之一的厂商将测试报告作为竞争对手的信息来源。54% 的生产商采用比较试验测试结果作为产品变更的依据，92% 的生产商采用测试结果作为销售方式，78% 的生产商将测试结果用于产品促销，58% 的生产商用测试结果来作为产品广告。Hilger 等（1984）的研究证明，对产品质量高的评分和低的评分所产生的影响大小是不同的，正面的质量评分比负面的更经常被提及，也具有更强烈和持久的作用。此外，比较试验测试结果在商场和邮购商，比在有深入咨询服务的电器专卖店中的作用要大得多。Raffee 等（1984）发现的一个非常有趣的现象是，大量即使是没有被比较试验机构测试的产品，也在产品策略和销售中采用测试信息，一个重要的使用方式就是测试中所开发的标准。Raffee 研究还证明，比较试验对市场结构和销售绩效也有影响，能增加产业和厂商的创新行为，负面评分对中小企业产品的更大影响将提高市场的集中度。比较试验在产业界的影响力，说明了生产商和经销商对于测试结果的关注程度很高，并且愿意在产品策略、价格策略、销售策略和宣传策略中作出反应。生产商和经销商经由比较试验所引起的产品和品种改进，使完全不注意比较试验测试结果的消费者最终也能从中得到非利用获益（Non-use Benefits），并最终让所有消费者都得到好处，非利用获益比利用获益要大得多（Silberer，2014）。

（三）对文献的评述

1. 产品质量治理的核心是降低信息不对称

多位学者对于国内外产品质量治理问题的研究表明，生产者、消费者与政府主体间的信息不对称，既是导致出现产品质量安全问题的原因，同时又是导致治理效果低于预期的核心原因。一方面，由于拥有信息的主体掩饰或修改信息，导致治理的供给主体无法顺畅地获得有用的信息，或因得到的是被扭曲的信息而无法实施有效的治理；另一方面，信息传递本身是存在成本的，如果信息传递的成本过高，那么同样会难以有效地传递给治理的供给主体，导致治理目标无法有效达成。对于政府这一正式制度的供给者来说，这两方面的信息障碍是同时存在的。政府的治理对象既有动机、又有能力掩饰、扭曲其所传递的信息，同时，政府庞大、多层级的官僚机构本身，就造成了高昂的信息传递成本，也缺乏实现这一状态有效的激励动机。因此，以往文献的研究证明，正式制度的治理必然面临信息不对称的约束，而非正式制度的补充能够有效缓解信息不对称的程度，提高治理的绩效。比较试验方法在降低生产者和消费者间信息不对称的问题上，起到了被政府、消费者和生产者都认可的作用。

2. 产品质量治理的优化需要政府以外主体和方法的介入

产品质量治理中所存在的信息不对称问题，在政府主体的治理之下仍然难以得到解决，但政府之外的主体却能提供有效的信息供给方法。因此，产品质量治理制度作为面向一个具体领域的治理制度，应当是在现有政府治理的基础之上，引入非政府组织主体的进入，包括企业、消费者等市场主体，如检验检测认证公司、媒体，以及社会组织为代表的第三部门，如行业组织、消费者保护组织、比较试验机构等。也就是说，一个合宜的产品质量治理制度，应当是各种不同类型组织多元参与的一个治理网络，每个主体都是网络中的一个节点，政府不再是唯一的中心，而是不同组织所构成的多个中心中的一个。

在质量治理的网络中，不同的治理主体承担着不同的治理功能。政府作为市场和社会的"守夜人"，随着食品工业中安全问题的不断出现，开始不断加强对食品安全和其他产品领域的安全监管，承担为守住产品安全底线提供公共产品的治理功能。在安全底线以上的质量治理中，政府并不一定是最佳的治理主体，对于某些类型的质量问题，可能市场主体的治理能够带来更高的效率，而另外一些类型则可能由社会组织主体来进行治理，则能够避免政府失灵和市场失灵。政府之外组织的非正式制度也许并未获得正式的授权，但是内生的利益协调与激励机制却能够使质量治理非常有效。

对国内外产品质量治理制度的成本收益分析表明，正式制度的成本与收益是不经济的，政府对质量治理的成本投入，并未达到投入前所预期的治理效果，增加投入亦无法改善这一结果，甚至政府对质量进行治理的开端——立法，其目的也并不是为了保护消费者的利益，而是为了使生产者获得更大的市场势力。

3. 以比较试验为对象研究的贡献与不足

国外学者以比较试验为对象的研究，多采用对一国或多国消费者和生产商、经销商调查的方式，来定量评价比较试验信息对不同信息接收主体的影响程度和影响方式。这些研究证明，比较试验对消费者的购买决策，以及生产商和经销商的供给决策，都有着正面的影响，并能为所有消费者带来收益。但是，对于本书所研究的问题而言，以往的研究还存在如下一些不足。

首先，现有的研究主要将比较试验作为企业管理、市场营销的一项工具，来研究其对买卖双方决策的影响，还未能搜寻到将比较试验作为一种治理方法，从经济学和公共管理学视角对其质量治理能力进行研究的文献。虽然有文献提到比较试验机构与消费者运动的关系，但并未深入阐述比较试验方法对于产品质量治理的贡献，也没有从制度角度对成本与收益的经济性进行分析。

其次，现有的文献并未重点关注比较试验的来龙去脉及其在各国建立时的制度环境，没有对比较试验方法成功的原因进行分析，即研究的伊始就是假定比较试验机构已经存在并良好运行，并在此基础上研究比较试验机构对其他主体的影响。特别地，由于比较试验主要出现、发展于经济制度一直都是市场经济的国家，因而更是缺乏对转型国家制度环境的研究。

目前，我国以比较试验为对象的文献还非常少，从20世纪90年代开始至今出现的这类文献，主要是对欧美发达国家从事比较试验机构的简单介绍，以及我国比较试验机构的测试报告的简单介绍，还未能查阅到从学术角度对国内比较试验行为的研究成果。因此，本书的研究一方面将从产品质量治理视角丰富以比较试验方法为对象的研究；另一方面也将丰富我国在这一领域的应用研究成果。

三　研究内容和结构安排

本书余下部分的内容和篇章结构是这样安排的：

第二章是对比较试验方法治理机制的理论分析。首先对比较试验方法在发达国家和地区，从最初出现到发展成为一种成熟方法的发展现状，做了一个简要的概括，特别是对比较试验方法的运行机制，以及测试结果的产生过程进行了比较详细的概括性描述。对于研究比较试验方法所涉及的关键性概念，本章也做了进一步的详细界定和理论性阐述，进而将成熟的机制设计理论应用到对比较试验方法的研究当中，提出比较试验方法提升产品质量治理的三因素模型，并进行相应的理论性分析。

第三章是对中国现行产品质量治理制度的实证研究。首先对我国当前的产品质量治理现状，从消费者感知和经济效率这两个角度进行了实证性的评价。在现状评价的基础之上，本章运用上文所提出的三因素模型，对导致我国产品质量治理现状的原因进行逐个的分析。

第四章是对国外发达国家比较试验方法的案例研究。首先对比较试验方法的变迁特征进行了阐述和分析，提出了比较试验方法出现与有效运行的不同时期的宏观环境特征。在此基础之上，本章对成熟的比较试验方法的产品质量治理特征进行了分析，并对这一方法的产品质量治理效果和绩效进行了评价。之后，本章从实证分析的角度，将上文所提出的三因素模型运用在产品质量治理分析中，对于比较试验方法有效降低信息不对称的机制进行逐个论证。

第五章是对中国当前比较试验方法发展现状的研究。首先将我国现有比较试验方法的运行机制划分为三种类型，并对每种类型的代表性机构的现状进行了简要的概括。在此之后，运用上文所提出的三因素模型对比较试验方法在我国应用失败的原因进行逐个的分析论证。

第六章是政策建议。通过对当前在我国建立比较试验方法的必要性的考察，以及在经济体制改革的背景下我国建立比较试验方法的制度可行性分析，提出了在我国建立比较试验方法的政策建议与实现路径。

第七章是结论与展望部分，对本书的主要观点进行了总结归纳，并提出了一些本书后续可能的研究方向。

第二章 比较试验方法的概况与理论分析

一 比较试验方法的概况

(一) 比较试验机构的发展现状

自比较试验作为一种独立第三方产品质量信息的提供方式出现,到成为一种国际上普遍采用的质量治理方法至今,已经历了近 90 年的时间。目前,全世界绝大部分发达国家和地区均已成功建立起这一方法,并取得了良好的治理效果。虽然各国的制度背景和具体的运行方式有或多或少的差异,但在近几十年的实践探索中,治理机制正逐步趋向统一,并在全球化的进程中强化了合作与协同的质量治理功能。

1927 年,20 世纪 20 年代最畅销的图书之一——《物有所值——消费者浪费钱财的研究》(*Your Money's Worth: A Study in the Waste of the Consumer's Dollar*) 的作者 Stuart Chase 和 F. J. Schlink,联合媒体、金融与技术领域的赞助商,共同发起成立了美国、也是世界上第一个比较试验机构——消费者研究[1],并开始发行全世界第一份刊登比较试验信息的消费者杂志——《消费者研究快报》(*Consumers' Research Bulletin*)[2]。

---

[1] 该机构 1927 年最初命名为消费者俱乐部 (Consumers Club),后于 1929 年更名为消费者研究 (CR, Consumers' Research) 并延续至今。比较试验在多年中一直是消费者研究的核心业务,但后来随着市场份额的萎缩,最终于 1983 年停止了这项业务,转而专门提供消费信息与消费者保护服务。

[2] Consumers' Research 官方网站,http://consumersresearch.org/about/history/。

在成立之初，该机构就定下了"不接受任何生产商、经销商、广告机构或其他商业企业的任何形式的金钱或补偿"的原则，完全站在消费者的角度来刊登产品质量信息，因而杂志销量快速上升，从 1927 年的每月 565 份直线上升到 1932 年的 4.2 万份。到了 1935 年，由于治理结构问题出现的管理危机，消费者研究理事会成员之一的 Arthur Kallet[①] 离开该机构，与大学教授、新闻记者、工程师们一起，成立了一个新的致力开展比较试验的非营利机构——消费者联盟，并于当年开始发行刊登比较试验测试结果的杂志——《消费者报告》。CU 延续了 CR 完全代表消费者利益的立场，并保持了一种比消费者研究更快的发展势头。作为当时世界上仅有的两个从事比较试验的机构和刊登比较试验信息的刊物，到 1953 年，《消费者研究快报》的月销售量为 10 万份，《消费者报告》已达到 71.5 万份（Beem & Ewing，1954）。

第二次世界大战结束之后的战后重建时期中，西欧国家和日本开始效仿美国的比较试验理念和模式，多个比较试验机构纷纷在各国成立。由于欧洲社会市场经济的传统，这些比较试验机构、特别是几十年后在各国最知名的机构，并不全是与美国的先行者类似的非营利性消费者组织，部分机构是在政府的直接支持之下建立，也有大量的是由商业机构设立。如 1957 年，曾任英国工党研究主管（research director for the Labour Party）的 Michael Young，在英国伦敦的一个车库里成立了消费者协会（Consumers' Association）[②]，并于当年开始发行《哪一个？》（Which?）杂志刊登比较试验信息，第一期杂志就达到了 1 万份的销量，到 1959 年仅两年的时间，杂志的月销量就已突破 15 万份。[③] 同样是 1957 年，瑞典在政府的支持下成立了一个名为消费者事务研究院（Institute for Consumer Issues）的社团企业，并开始为消费者提供比较试验信息。在法国，成立于 1951 年的消费者联邦工会（UFC, Union Fédérale des Consommateurs），于 1962 年开始开展比较试验并刊登在自主发行的《选择》（Que Choisir）杂志上；1959 年由贸易联盟成立的大

---

① 与 Frederick J. Schlink 同为 20 世纪 30 年代最畅销书之一——《一亿试验品》（One Hundred Million Guinea Pigs）的作者。

② Consumers' Association, a registered charity（No. 296072），and company Limited by Guarantee（No. 580128）。2004 年，该协会整体更名为"Which?"。

③ Which? 官方网站，http://www.which.co.uk/about-which/who-we-are/overview/the-history-of-which/。

众消费者组织（ORGECO，Organisation Generale des Consommateurs），以及成立于1966年的消费研究所（Institut National de la Consommation），也分别开始进行比较试验并发布相关信息（Kleinschmidt，2010）。在德国，由一个高度活跃的记者Waldemar Schweitzer领导的一家媒体，于1961年投资成立了一家营利性的比较试验机构，并将测试结果刊登在自主发行的杂志《DM》上，并在3年时间内就取得了巨大的成功，1964年杂志的月销售量就已达到70万份，然而由于测试与报道失误引致的官司最终导致其破产。① 在此之后，德国政府于1964年成立了商品检验基金会（Stiftung Warentest）这一非营利组织专门开展比较试验，并将测试结果刊登在于1966年开始发行的《测试》（Test）杂志上（Kleinschmidt，2010），第一期杂志的销量就达到了21万份。

不仅在西欧，世界其他国家和地区也在此之后快速引入比较试验。1959年，当时澳大利亚上议院唯一的一位女议员Ruby Hutchison女士，因为对购物选择的困惑深有感触，在得知美国与英国比较试验的经验之后，与悉尼大学的一位教授共同成立了澳大利亚消费者协会（Australasian Consumers' Association），并于1960年开始发行了第一期刊登比较试验信息的杂志《选择》（Choice）。② 在日本，1970年由政府成立的国民生活事务中心作为一个负责消费者事务的独立管理机构（independent administrative agency），从1974年开始进行比较试验，并刊登在其发行的《国民生活月刊》③ 上。1983年，印度德里大学的几位师生创办了名为消费者声音（Consumer voicf）的一个非营利消费者保护组织，并从1997年开始发行《消费者声音杂志》④，并刊登比较试验测试结果。在东欧，随着1991年苏联的解体，东欧国家也迅速开始了引入比较试验理念的进程，俄罗斯、乌克兰、罗马尼亚、波兰、捷克、保加利亚等国，都相继在20世纪90年代建立起比较试验机构。

比较试验方法经过近90年的发展，目前已在全球超过40个国家和地区建立，虽然本节中只列举了几个典型国家中的代表性或开创性机

---

① 德国商品检验基金会（SW）的宣传材料，《Stiftung Warentest，MAKING A MARKET FOR CONSUMERS》。

② 《选择》（Choice）杂志官方网站，http://www.choice.com.au/reviews-and-tests/money/shopping-and-legal/shopping/choice-50th-anniversary.aspx。

③ 日本国民生活事务中心官方网站，http://www.kokusen.go.jp/ncac_index_e.html。

④ 《Consumer Voice》官方网站，http://www.consumer-voice.org/About.aspx。

构，但事实上在大多数建立比较试验方法的国家中，每个国家分别都有几十个甚至几百个不同规模的比较试验机构，为消费者提供差异化的产品和服务质量信息。随着全球化的深化，消费者能购买到的产品和品牌在全球各地的差异化越来越小，这对于比较试验来说，意味着产品测试对象的差异化也越来越小。基于节约成本与信息共享的考虑，自1972年开始，欧洲的大型比较试验机构间开始进行测试项目的合作，并成立了名为欧洲测试集团（European Testing Group，ETG）的合作性组织，并于1990年正式更名为国际消费者研究与测试有限公司（International Consumer Research & Testing Ltd.，ICRT）[①]，至今已拥有43个成员机构，遍布于除非洲之外的各大洲，直接消费者超过2000万人。比较试验机构间的国际合作，使得国际大型比较试验机构间可以共同分担成本，因而可以进行成本更高、更复杂的产品测试，大大扩展了比较试验机构所测试的产品范围。同时，国际合作使得各国领导性比较试验机构间的测试标准和方法越来越趋向一致，也使得各国消费者所获得的质量信息越来越趋同，单一质量信息的影响力亦越来越大。与此同时，信息化与互联网技术的发展，对比较试验信息的呈现与传播形式产生了极大的影响，各国比较试验机构陆续开始将纸质版本的杂志，通过互联网以电子版本的形式进行销售，同时还开发出更多纸质杂志所没有的、基于数据服务的新功能，拓展了比较试验机构产出的内容与形式。

（二）比较试验方法的运行方式

由于各国政治经济体制与文化的差异，比较试验机构在各国的机构属性与组织架构都有不同程度的差异，但是，比较试验方法在各国的运行方式却是非常相似的。本节中将对大多数（或占大多数市场份额）比较试验机构共性的特征进行概括，同时也将叙述存在明显差异的个案，其中最有代表性的机构包括CU，以及德国商品检验基金会（以下简称SW）。CU与SW之所以能够成为代表性的比较试验机构，有其制度背景与环境的原因，美国与德国既是英美法系与大陆法系的代表性国家，又是新自由主义与社会市场经济体制的代表性国家。同时CU与SW还是比较试验领域中最被市场和消费者所认同的机构，其运营方式

---

① ICRT官方网站，http://www.international-testing.org/about.html。

被后来者广泛地学习和模仿，因而以下多个部分将会对其进行叙述。

从世界各国知名比较试验机构的经营方式来看，不论机构本身是由个人或团体发起，或是由政府通过正式程序所建立，绝大部分比较试验机构本身都是以一个独立于生产厂商、政府之外，代表消费者利益的非营利组织（企业）形式而存在的。作为一个完全从消费者利益出发的非营利机构，不能以任何形式接受可能被测试企业的广告或捐赠，因而其资金来源一般有两种形式：一种是以 CU、英国"哪一个？"为代表的，以纸质或电子版本比较试验测试信息的销售为主要来源；另一种是以 SW 和日本国民生活事务中心为代表的，以纸质或电子版本比较测试信息的销售为主、以政府少量拨款为辅。虽然政府对某些比较试验机构提供了资金，但所占机构总收入的比重都很小[1]，仅作为不登广告的补偿，因而政府并不会因此而干涉机构的日常运营或具体产品质量评价。事实上，多个知名比较试验机构的经验都可以证明，即使没有政府的拨款，比较试验机构也完全可以依靠所销售信息的收入获得持续性的发展。由于非营利组织的机构属性，比较试验机构的收入都不能用于对出资人的分红，而是其中一部分用于资本积累以谋求更大的发展；一部分用于公益性的、慈善性的消费者保护活动，如消费者教育、消费者维权等。

比较试验机构的治理结构，在其机构章程（Bylaws，Statutes）中都做了明确而详细的规定，一般采用理事会制的法人治理结构，由理事会（Board of Directors）对机构的职能履行、资产和重大事务负责，由经理层与工作人员执行理事会的决议。采用这样的一种决策程序看似增加了机构内部的交易成本，但是由于政府拨款导致存在政府干预的潜在可能性，特别是在机构成立之初这一可能性更大，因而采用了一种更有制衡力和约束力的治理结构。

在机构的实际运营中，绝大部分的比较试验机构都采用轻资产的模式，不自设用于检测产品的实验室，而是针对不同的测试产品和项目，在全球范围内选择合适的外包实验室。有所不同的是，CU 作为全世界最大的一个比较试验机构，采用了自设实验室的模式，针对所要测试的

---

[1] 目前在 SW 的总收入中，政府拨款只占 10% 左右。当然，政府拨款所占的比重并不是一直都这么小，在机构成立之初没有任何收入来源时，全部收入都依靠政府的拨款，后随着机构经营性收入的快速增加，政府拨款的比重越来越小。

产品建设了多个高水准的检测实验室，甚至包括汽车碰撞实验室，约90%的产品测试都在自有实验室中完成。当然，这与CU目前（2014财年）已达840万的订阅用户，以及2.3亿美元的年度经营性收入密切相关，英国的"哪一个？"自1970年开始尝试自建实验室的模式，但在2002年之后还是将其关闭选择了外包的模式。

在已建立比较试验方法的国家中，每个国家中都存在数量众多、规模不等的比较试验机构，分别都有各自不同的目标客户群和业务模式，如有的机构面向所有消费者提供大众消费品的测试信息服务，有的仅面向有购置汽车意愿的消费者，还有的面向对产品环境友好性特别关注的消费者提供测试信息。除了大型比较试验机构在全世界范围内的国际合作之外，在一国的范围内各个比较试验机构间主要是一种竞争性的关系，因为消费者的总量是有限的，每一个比较试验机构都希望在有限的"蛋糕"中获得更大的市场份额。因此，各个比较试验机构只能通过为消费者提供更有价值的信息，来获得消费者更多的"货币投票"，以避免如"消费者研究"和"DM"那样最终从比较试验领域消失。

（三）测试结果的产生过程

一个比较试验测试结果的产生，一般包括如下几个步骤：

1. 测试计划

比较试验机构通过对消费者调查的结果进行评估，结合市场上消费的热点和趋势，确定重点关注的领域和拟测试的产品类型，并制订相应的测试计划与时间安排，有时一个产品的测试计划时间跨度长达一年。在此之后，机构内负责市场研究的部门将仔细调查市场结构、产品价格和技术属性，据此而确定被测品牌的清单。在SW，这一测试计划还需要经过咨询委员会审议通过之后才能付诸实施。

2. 制定测试标准

根据每一种被测产品的具体特征和属性，比较试验机构都会制定详细的测试标准，包括技术指标、消费者体验性指标、测试方法等多个相关方面。测试标准通常会超越现有的公共标准，并包含多项现有标准所没有涉及的内容。在现有的标准中，只对产品的一般固有性能指标进行了规定，但在比较试验机构的测试标准中，不仅普遍对固有性能指标做了高于当时现行标准的要求，还将消费者当时的体验、感受、使用习惯、便利性等从技术角度上看非常主观的内容，也纳入测试标准中进行评价。同时，比较试验机构还依据消费者的使用方法和习惯，创新产品测试的方法，在技术测试上模拟消费者的行为进行测试，特别是增加极端情况、消费者不规则使用情况出现的概率，此外还会加入一定数量培训过的专业消费者，对产品进行一段时间实际使用的测试。初步制定的测试标准，将送往被测产品品牌所属的制造商处，在知会企业的同时也可以获得一些建议。在 SW，测试标准还需要经过专家咨询会议的讨论，咨询会议的专家包括有专业能力的消费者代表、独立专家、测试机构的工程师、生产商和经销商代表等各利益相关方。

3. 购买样品

比较试验机构的采购人员根据测试计划中所列出的产品品牌和型号，以一个普通消费者的身份，到零售终端去购买测试的样品。通常，就像消费者购物时多数时候一次只买一件一样，被测品牌的每一个型号一般只会购买一件样品，有时为了节约测试的时间会购买 2—3 件。如果被测的产品是季节性产品，按照购买样品的时间，安排的这些产品通常还没有上市销售，那么比较试验机构还是会直接从制造商处购买样品。为了消除制造商选择质量好样品的可能性，采购人员会在避开制造商工作人员的情况下自行选择样品，并按照市场价格对样品付费。

4. 测试与评价

在前三个步骤完成之后，样品将送往实验室和消费者处进行测试。绝大多数比较试验机构都没有自建的实验室，因而会根据测试项目所需的资质和成本约束，在全世界范围内选择最合适的实验室进行测试；拥有自有实验室的机构，则主要在自有实验室内进行测试，没有条件进行的项目则外包给其他实验室完成。在样品送到实验室和消费者处之前，样品上所有可能透露产品品牌信息的标识都会被事先去掉，转而用编号的形式进行标注。固有性能指标的测试完成之后，比较试验机构会将测试结果反馈给制造商，如果制造商存在明显的异议，那么将再购买一个样品重新测试，有时这种反馈也会使制造商将产品从市场上撤回。最后，比较试验机构将根据客观与主观测试的结果，依照自主开发的权重与评分体系进行打分，结果既包括评价的总分，也有各个单项的分值。

5. 结果发布

完成对产品的测试与评价之后，比较试验机构会将测试结果和评分，按照消费者易懂、感兴趣的方式进行编辑，并用纸质杂志和互联网电子媒介形式同时对外发布。此外，编辑团队还会收集补充信息，并添加法律和使用推荐等对消费者有价值的信息。发布的测评结果中不仅包括获得的总分，还包括各测试单项的结果列表，使消费者能够根据个人偏好和需求来作出购买决策。

二　进一步的界定

比较试验方法，由比较试验机构与其核心利益相关者，以及共同遵守的规则构成。在这一产品质量治理方法中，比较试验机构的核心产出——产品质量信息，是联结各利益相关者的关键要素。

（一）产品质量治理的核心利益相关者

产品质量治理的核心利益相关者主要有如下几个主体：

生产商，作为产品的生产者，是产品的卖方和产品质量的被评价者。为了对问题进行适当的简化与抽象，此处只考虑最终产品的生产商，中间产品的质量将体现在最终产品中，经销商所销售产品的质量反映的仍然是最终产品的质量。Abbott（1953）将生产商产品的竞争划分为价格竞争和质量竞争这两类，这两种竞争通常同时存在，并且质量持续地作为产品保持市场竞争力的"武器"。

消费者，作为产品的使用者，是产品的买方和产品质量的直接评价者。自20世纪50年代开始，产品质量作为一个经济变量逐渐正式进入经济学家的研究范畴（Chamberlin, 1953），消费者不再只是作为产品管理结果的被动接受者，而是作为产品差异化的选择者参与买卖交易的博弈。从市场需求角度来说，产品质量是消费者选择的重要因素（Houthakker, 1952; Theil, 1952），消费者将产品质量视为产品本身特征属性的集合，以质量能否为自身带来效用最大化作为选择产品的依据。（Lancaster, 1971）在此之后，消费者呈现出更明显的质量搜寻趋势（Leonard & Sasser, 1982; Takeuchi & Quelch, 1983; Parasuraman et al., 1985），消费者感知质量成为更为重要的质量决定因素，因为消费者才是产品的最终购买者。（Morgan, 1985）虽然许多研究假定消费者在信息完全的情况下作出购买决定，但现实生活中的消费者普遍处于信息不对称中（Chamberlin,

1953），并承担由此导致的交易成本，可以看作是由于信息不完全而缴纳的一种税负（Stigler，1961）。

政府，作为公权力的拥有者和税收的收取者，是产品质量的监管者和法定裁决者。消费者和生产商双方通过缴纳税收的方式，将维护公平公正秩序的权力转移给了政府，因而政府通过与产品买卖双方的这一关系成为产品质量的利益相关者。同时，生产商所缴纳的税收是政府直接的、单位金额更高的税收来源，因而政府与生产商有着比消费者更紧密的利益相关关系。

产品质量中介服务机构，作为直接服务于生产商和（或）消费者的商业性机构或非营利组织，是通过提供产品质量的中介服务而生存的利益主体，因其服务对象的差异（也就是收入来源的不同），而决定其与生产商还是消费者哪一方具有更紧密的利益相关关系。对于比较试验机构来说，由于直接服务于消费者，因而是与消费者有着更紧密利益关系的利益相关者，本章的所有分析中也将重点论述比较试验机构这一主体。

以上四类利益相关者中，由于消费者是产品的最终购买者，生产商因为消费者的购买行为才能生存，政府因为生产商的存续、消费者的购买行为才能获得稳定的税收，比较试验机构因为消费者的付费才能持续，因而消费者是产品质量最关键的利益相关者。其他三类主体也是产品质量的核心利益相关者，但不具有消费者主体这样的中心作用，因而不是这一利益链条上的决定性因素。

（二）产品质量信息的准公共物品属性

质量信息是消费者做出购买决策的基础，也是政府进行产品质量监管的主要依据。信息具有准公共物品的属性（Shapiro，1982），即俱乐部产品。虽然质量信息包含了产品质量的特殊性特征，但质量信息本质上是信息的一种，一经公布将难以阻止其他人非竞争性的使用，但却可以很低成本地对潜在使用者进行排他性的限制。当然，质量信息除了准公共物品属性之外，还具有其独有的特点。质量信息是附着于产品之上的信息，只有与其指向的产品同时出现才具有实际意义，否则无法明确表达信息所包含的准确含义。同时，大量质量信息还具有专业性与技术性的特点，需要具备相应的专业知识才能对其进行解读，信息的产出也具有较高的生产成本。

如果将所有的质量信息作为一个整体来看，那么由政府来作为质量信息的全部（或者大部分）供应者显然是不合适的。这是因为，政府作为纯粹公共物品的供给者和公共政策的制定者，只能满足中位公民的公共物品需求偏好，也就是达到社会平均水平，对于需求偏好高于中位的公民存在公共服务供给不足，而对于需求偏好低于中位的公民存在公共服务的供给过剩，陷入政府失灵（government failure）的局面（Weisbrod，1977）。同样地，由政府提供的质量信息，只可能有效满足一般消费者的产品选择需求，而对于高于或低于这一需求的消费者，质量信息的供给则是不足或过剩。

在类似公共池塘物品的供给上，纯粹的市场竞争和纯粹的政府供给都会产生失灵的结果，而自治组织的管理将提供有效的制度供给。同时，信息通畅且降低传递成本，是设计一个有效制度所必需的，而自治组织的制度要比政府施加的管理更为有效（Ostrom，E.，1990）。质量信息的准公共产品属性，以及质量信息所附着的产品本身，就决定了质量信息天然的可以从产品的角度划分为若干个俱乐部，并由各类与之相适应的俱乐部"会员"消费。对于低于一般需求的消费者来说，政府质量信息的供给是过剩的，此时接受过剩的公共服务并无须为之付出额外费用，这部分消费者没有动力寻求额外的质量信息。对于高于一般需求的消费者来说，政府质量信息的供给是不足的，那么这部分消费者就存在寻求额外质量信息的动力，且偏离一般需求越多的消费者动力越大。比较试验机构是一类典型的质量信息俱乐部，通过向"会员"提供政府之外的额外质量信息而获得收益，俱乐部的成员可以几乎无成本地增加[①]并非竞争性的消费质量信息，而成员以外的个体很难获得与成员同样的质量信息。

（三）产品质量信息的分类与差异

根据消费者对产品质量信息的学习能力与程度，产品可以划分为三种类型：一是在购买之前就能较为容易地确认质量的产品，即搜寻品（search goods），如服装；二是在购买之后经过使用能够确认质量的产品，

[①] 这里只考虑多向一个"会员"提供服务的增量可变成本，而不考虑通过营销等手段吸引"会员"加入的情况。

即经验品（experience goods），如家用电器和汽车；三是在购买之后即使经过使用也难以确认其质量的产品，即信任品（credence goods），如食品、药品都是典型的信任品（Nelson，1970；Darby & Kami，1973）。对于搜寻品来说，消费者与生产商之间的信息不对称程度很小，因而消费者在购买之前并不需要花费很多成本去了解搜寻品的各种信息。对于经验品来说，虽然能够通过一次或多次使用确认其质量，但对于汽车、贵重的家用电器等产品来说，如果购买之后确认产品的质量很低，那么将会遭受很大的损失，因而消费者需要在购买之前多方了解质量信息，以降低买到低质量产品的风险。对于信任品来说，消费者则更是需要在购买之前充分地搜寻产品质量信息，但是随着技术进步的发展，经验品与信任品间的界限越来越模糊，有越来越多的产品从经验品向信任品转变，也就意味着消费者对于有效的质量信息出现了更大的需求。

在一般的消费者信息搜寻行为中，传统的产品质量信息主要包括产品生产商所做的广告、产品价格、产品保证（product guarantees）、经验与口碑（experiment and word-of-mouth）等（Nelson，1970；Havrilesky，1974；Spence，1977）。广告本身可以向消费者传递生产商品牌、质量属性和价格等信息，同时做广告的行为本身就是一种质量信息，在经验品中广告信息的这一特点更为明显（Nelson，1970，1974），产品质量越好的生产商越倾向于做广告（Archibald et al.，1975）。在消费者难以获得产品质量特性的信息时，价格本身就是一种质量信息，消费者倾向于认为价格更高的产品质量更好（Steenkamp，1989）；产品保证或者称为保险策略（insurance policy）作为使消费者免受产品风险损失的保险，成为向消费者提供产品质量信息的一种形式（Spence，1977）。

尽管存在以上多种产品质量信息来源，但从数量上来看，广告信息和价格信息占据了主要的部分，是传统产品质量信息中消费者购买决策的主要信息来源。因此，消费者在为了购买经验品与信任品所搜集的以上类型的产品质量信息中，仍然存在高搜寻成本的困境，难以区分不同品牌间产品质量的差异，而对质量信息较高的搜寻成本会增加消费者对价格的敏感性（Lynch & Ariely，2000），最终将使产品市场因为质量信息的获取困难而萎缩。同时，以上的几类质量信息的信息源均是产品的生产商，如果存在第三方的质量信息提供者，那么在消费者与生产商的不完全信息非合作博弈中，将显著提升消费者有效获取可靠产品质量信息的能力。(Feddersen & Gilligan, 2001) 比较试验信息正是这样一类来自于第三方信息中间人 (informational middlemen) 的质量信息, 在为消费者提供质量信息的各种渠道中发挥了更为重要的作用 (Havrilesky, 1974)。虽然经验与口碑是来自消费者自身的质量信息, 但其中有来源消费者自身好恶的感受, 且传播半径很小, 特别是在比较试验信息广泛出现之前的年代, 口碑信息的传播力与影响力还很小, 且同样存在着搜寻成本很高的问题。

三　比较试验方法的治理机制分析

机制设计理论所研究的一般问题是, 对于任意给定的一个经济或社会目标, 在自由选择、自愿交换、信息不对称等分散化决策条件下, 能否设计以及怎样设计出一个经济机制, 使经济活动参与者的个人利益和设计者既定的目标一致。机制设计理论将社会目标作为已知, 试图通过设计博弈的具体形式, 使得机制内的每一个参与者能够在各自不同的约束条件内, 在自利行为的驱使下通过自由选择和自愿交易而实现整体收益的最大化, 并使配置结果与预期目标达到一致。因此, 激励相容 (incentive compatibility) 理论认为, 如果在给定机制下参与者如实报告自己的私人信息是其占优策略均衡, 那么这个机制就是激励相容的。(Hurwicz, 1960) 在这种情况下, 即使每个参与者都按照自利原则制订个人目标, 机制实施的客观效果也能达到设计者所要实现的目标。特别是在信息不对称的条件下, 参与主体真实显示自我偏好并不一定是占优均衡策略, 除非能够获得收益, 否则参与者一般不会真实地显示有关个人经济特征方面的信息。因此, 当制度或规则的设计者不了解所有个人信息的情况下, 如果所制定的机制能够给每个参与者一个激励, 那么就能使参与者在最大化个人利益的同时也达到了所制定的目标 (Hurwicz, 1973)。也就是说, 任何机制设计都必须考虑机制对参与主体激励的问题。

同时, 任何一个经济机制的设计和执行都需要信息传递, 而信息传递需要花费相应的成本, 因此对于制度设计者来说, 信息空间的维度越小越好。一个设计得较好的经济机制, 需要较少的关于消费者、生产者以及其他经济活动参与者的信息和较低的信息成本, 以较高的信息效率

(informational efficiency)最终实现资源的有效配置（Hurwicz，1973）。

但是，即使满足了激励相容与信息效率的要求，机制设计者仍然面临机制选择的问题，即如何从所有可选的机制当中选择最优的机制，使得所选择的机制能够实现既定的社会目标。Maskin（1984）提出，能被执行的社会选择机制一定是满足单调性的，这意味着如果某一方案在一种环境中是可取的社会选择，而在另一环境中所有人的偏好排序下，这个方案与其他方案比较其相对地位没有下降，那么该方案也应该成为社会选择。当然，单调性条件本身并不能保证一个社会选择可完全实施，但是在博弈参与者达到三人或三人以上时，单调性再加上个人无否决权条件，即如果有一个方案是大家都最喜欢的，而最多一个人例外，那么这个方案应该成为社会的选择。

在比较试验方法中，建立者和执行者共同设计了一套贯穿各个利益相关者的运行机制，试图通过所生产的产品质量信息的流动，解决不同利益主体在面对产品质量问题时所存在的利益冲突，有效地实现了激励相容和信息效率的共同达成。因此本书提出，比较试验方法通过对利益相关主体的有效激励，比较试验标准的创新，以及质量信息的广泛传播这三个因素，实现了对产品质量的有效治理。

（一）比较试验方法对利益相关主体的有效激励

每一个消费者的产品质量需求，都是完全附着于消费者个人的私人信息，因而与每一个消费者的时空信息是融为一体的，要想获得分散于所有消费者的产品质量需求信息，必须付出相应的信息收集成本。同时，产品质量需求无法像体积大小、颜色这类信息一样被简单地转换和利用，而是需要用专业技术的语言对其进行"翻译"才能实现消费者需求的显示。一般而言，投票是需求偏好显示的惯用方法，但从政府的角度来看，投票机制无法自动将人们的偏好转化成偏好序列（Arrow，1951），而使用非投票机制，若是没有有效的偏好加总工具或制度，即使有强烈动机的官员也很难对其进行分析（Williamson，1975；Downs，1967；Campbell，1974）。消费者质量需求信息的转化困难在于需求的多样化与分散，而利益相近则减少了投票机制中将个人意愿转化为集体选择时的麻烦，可以通过联合更多利益相近的人加入集体而得以解决（Plott，1967；McKelvey，1976）。如果消费需求较为相似的消费者，能够为了自身的利益而组成某种团体，并对相似的需求进行收集与转化，将能有效地解决激励与信息收集的困难。同时，这样一种团体的成本与收益衡量将更加容易实现，一种常见的方法就是对受益人的付费意愿进行外部评价（Ostrom，1993）。比较试验机构正是这样一类由利益相近的消费者所组成的团体，他们通过真实的投票（也就是常规的消费者调查）显示并收集消费者的需求偏好，并将其排序、转化为产品测试计划，而消费者支付的价格就是对其需求偏好的评价。

国际上成功的比较试验机构中，除少数由商业机构、媒体等设立的营利性比较试验机构之外，绝大部分比较试验机构都是以非营利组织的形态出现的。在成立之初，比较试验机构均有约定的实际出资人，但出资人并不能对机构的盈利进行分配，除去成本之外的留存收益只能用于机构的可持续发展。同时，比较试验机构作为一种类型的俱乐部，普遍采用"会员制"（membership）或类似会员制的消费者参与方式，如订阅制（subscribers），消费者的"会员费"是机构绝大部分的收入来源，而比较试验机构为会员提供定期或不定期的质量信息服务，也就是提供刊登了比较试验信息的期刊或其他出版物。比较试验机构分别在不同的政治经济体制下设立，却不约而同地采用了非营利组织这一治理结构，如果仅用后来者对美国最早比较试验机构的学习效应来解释，显然是不具有说服力的。非营利组织这一机制设计对利益相关主体的激励作用，使得比较试验机构普遍选择了这一治理结构。

首先来考察以企业组织的形式向消费者提供比较试验信息的模式。企业进入比较试验信息生产与服务的前提是，出资人能够通过提供比较试验信息，从消费者处获得超出其资本机会成本的收益。假设某些企业预期能够实现这一收益，并开始向消费者提供比较试验信息，营利性的交易能够达成的条件包括，消费者能够在无不必要成本的条件下准确比较不同企业的产品和价格，与企业的合约能够明确地界定提供的产品、服务和价格，并且能够确定企业是否遵守了合约，如果未遵守能够从中获得赔偿。如果无法满足这些条件，那么将出现"合约失灵"（contract failure）而导致交易无法达成（Hansmann，1980）。对于比较试验信息这一特殊的信息产品来说，由于产品质量信息的专业性与技术性，以及比较试验信息服务的非标准化特性，使得消费者很难无成本或低成本地比较不同企业性质的比较试验机构所提供信息的性价比。同时，比较试验信息存在强烈的规模经济效应，生产比较试验信息的沉没成本较高，但边际成本几乎为零，消费者很难评估边际成本与边际产出的关系，进而在与企业"签订"的比较试验信息购买合约中，消费者很难明确地界定多少数量和质量的比较试验信息的定价。最难以被消费者在购买信息之前确定的是，由于企业存在利润最大化的天然内在驱动力，那么一旦某一企业获得了消费者的信任和长期购买需求之后，是否会在消费者不知情的情况下，削减生产比较试验信息所必要的成本（而降低信息的质量），或是为了扩大利润而获取产品生产商的赞助和赎买。因此，由于企业和消费者间本身因比较试验信息特征而存在的信息不对称，导致以企业组织的形式向消费者提供比较试验信息的交易很难达成，消费者不愿在此风险之下购买比较试验信息，使得企业无法获利而退出比较试验信息的生产和服务。

非营利组织与企业最大的区别在于非分配约束（nondistribution constraint）（Hansmann，1980）。对于比较试验信息这一消费者难以精确评估其数量与质量的服务性产品，非分配约束使得提供比较试验信息的出资人，无法通过削减比较试验信息的质量而获得更多的可分配私人收益，因而大大削弱了降低比较试验信息质量的动机。同时，非营利组织在商业性的合约与政府的执法间找到了一种平衡（Hansmann，1980）。社会对非营利组织存在需求，并不代表市场上就一定会出现供给（James，1993）。这是因为，由众多消费者所组成的俱乐部一旦开始运行，就将出现严重的委托—代理责任问题，每一个消费者都希望"搭便车"而不对机构的运行进行监督，最终将导致整个机构运行的无效率。因此，正如 SW 的机构章程所规定的那样，消费者通过非营利组织的机制设计，将对机构的监督权转移给了法律，用政府对非营利组织法律法规的条款，来约束比较试验机构的行为，如必须将机构运行的章程、约定、绩效、财务状况、重大事项和变更向公众公开、透明地披露，以作为获得税收减免的代价。

在非营利性质的比较试验机构的治理中，主要的利益相关者是消费者、生产商、政府和比较试验机构自身。（1）消费者作为比较试验方法中最关键的利益相关者，单个消费者自身利益最大化的选择就是在有限的信息条件下，比较所能获得的所有比较试验机构所发布的信息，选择并购买信息质量和价格均符合消费者需求的比较试验信息，将这一信息纳入购买决策的支撑材料，对该机构的行为进行监督，并向其反馈自身的质量信息需求，以期在后续获得更符合自身需求的比较试验信息。如果在此之后市场上出现一个提供性价比更高的比较试验信息的机构，那么消费者将放弃之前的选择，并转而购买后者的信息。当整个消费者群体中的每一个个体都在进行这样的选择时，其他人的选择也会成为单个消费者选择的依据，会员数越多的比较试验机构，越容易吸引更多的消费者。（2）对于生产商来说，自身利益最大化的选择是，尽量收集市场上有较大影响力比较试验机构所生产的，与自身产品相关的比较试验信息，如果产品评价较好，则利用该信息进行营销，并相应地增加产量；如果产品评价较差，则可以对已上市销售的库存进行促销，或依据比较试验信息中想要达到的质量水平进行产品质量改进。同时，对于自知产品质量较差的生产商，自身利益最大化的选择是提前贿赂市场影响力较大的比较试验机构，或是信息公布之后迅速将评价较差的产品撤柜。（3）对于政府来说，自身利益最大化的选择是，在无法提供更多质量信息的现实情况下，只要比较试验机构没有被证明恶意攻击某个生产商的产品，就允许其自由发布比较试验信息，为消费者提供更多可供选择的质量信息，并通过免税等政策鼓励更多的比较试验机构出现。（4）对于单个比较试验机构来说，自身利益最大化的选择是，在有限的经费预算约束下，调查消费者质量信息需求，据此生产一定数量与一定质量水平的比较试验信息，并销售给尽可能多的消费者（因为边际成本几乎为零），以获得机构存续与发展的经营性收入。在多个比较试验机构并存的情况下，机构间将出现与生产商产品竞争相似的比较试验信息的质量与价格竞争。同时，由于消费者的信息是有限的，因而比较试验机构同样需要通过营销、促销、广告等手段，广泛传播信息让消费者知晓信息的存在与质量。还要考虑比较试验机构内具体工作人员的行为，他们是具体事务的执行者，同样存在着委托代理关系导致的道德风险。对于工作人员而言，在比较试验机构的工作是他们的生活来源，因而自身利益最大化的选择是，按照机构制定的规则更多地生产高质量的比较试验信息，以获得升职与加薪的机会，与比较试验机构的利益是一致的。

在以上的分析中可以看到，（1）消费者是完全自利的信息搜寻者，只追求性价比最高的比较试验信息。（2）生产商是比较试验信息的使用者与应对者，最佳的市场策略就是根据比较试验信息而调整产品结构与质量，增加高质量产品的供给，使所有的消费者最终受益。贿赂比较试验机构是没有用处的，因为生产商只要漏掉哪怕一个测试其产品的比较试验机构，那么这一机构就有可能造成其余所有比较试验机构的声誉损失，而这些机构无法预知该生产商是否能够做到贿赂所有的竞争对手，因而如果接受贿赂的话，将向其索要超过其声誉损失的高昂补偿金额。可以设想，如果将所有比较试验机构的补偿金额相加，恐怕远比企业进行产品质量改进所需的成本要高得多。(3) 政府是比较试验信息外部性的受益者，用很低的成本使消费者获得了更多、更有效的质量信息，并获得了政府质量监管更多的信息来源。(4) 比较试验机构是质量信息的生产者、销售者与获益者，由于要实现自身盈利（虽然不可分配）的最大化，比较试验机构必须广泛地传播、销售信息，否则就存在着被市场淘汰的风险，而消费者却因为有更多的信息选择而成为最大的获益者。比较试验方法中的每一个核心利益相关者，都从自身利益最大化的出发点来选择最优的行为，而最终的结果是实现的这一制度的发起者，也就是消费者这一最关键利益相关者的利益最大化，并且每一个核心利益相关者都未因此而遭受损失，因而也实现了整体利益的最大化。

（二）比较试验标准创新的产品质量治理机制

在比较试验方法的治理之下，不仅是政府的质量标准和各种监管依据，包括产品所在行业通行的产品标准，对于比较试验机构来说都是没有意义的，因为这些既有的、基于产品固有性能的标准和依据，甚至未必能够成为比较试验机构判定产品是否合格的依据。如果企业未能在比较试验机构的测试中获得高于平均水平的得分，那么测试结果一经公布当即就会发生的是，更多的消费者会选择评分更高的产品。如果在这种情况下企业仍然不改进产品的质量，那么可能出现两种情况，一是企业由于销量持续的下降而亏损甚至破产；二是政府和行业组织提高质量标准和监管依据，使得这一产品不再具有上市销售的资格。两种情况中的任意一种对于企业来说都是灾难性的，要避免这种后果的发生，企业必须根据比较试验机构的测试结果改进产品质量，而这与市场上是否存在政府规制没有必然的因果关系，真正地实现了用市场的信息来调节产品的供求关系。因此，(1) 对于生产商来说，自身利益最大化的选择是遵守行业标准，生产行业内企业都共同认可质量水平的产品。行业标准一般高于政府标准，如果只有一个企业按此标准生产，那么极有可能付出较高的生产成本。但是，行业标准是行业内所有企业为了降低生产成本，而共同制定的产品质量与技术规则（Krislov，1997），如果企业按此标准进行生产，那么在零部件的配套、采购、装配、代工等生产环节，都能有效地节约生产成本。此时，如果企业按照低于或高于行业标准进行生产，都将产生很大的经济损失，因而符合行业标准是其最佳的产品质量策略。（2）对于政府来说，自身利益最大化的选择是，在维持政府标准的同时默认行业标准的存在，因为行业标准高于政府标准，因而不会对政府监管产品质量安全的职能造成威胁。当政府标准被证明存在质量安全风险时，政府最优的策略是在高于政府标准的现存标准中选择一个进行援引，如行业标准，以节约标准制定的费用。（3）对于消费者来说，在市场上既定的可选产品和质量信息之下，自身利益最大化的选择，是选择按照行业标准生产、看上去性价比更高的产品，因为行业标准高于政府标准，消费者至少可以明确地知道所购买产品的质量高于最低的产品质量底线。但是，行业标准制定的初衷，就是基于行业内企业削减生产成本的共同目的，这也意味着生产商以产品质量向成本的削减妥协，而并非是基于消费者的利益而改进产品质量。

同时，在以政府监管为绝对主导的质量治理体系中，价格难以准确地反映产品的质量水平，因为消费者无法判断产品高于市场平均水平的部分，究竟是因为产品固有性能的优势而使生产成本更高，或是产品设计的花哨导致供不应求，还是仅仅因为生产企业的广告成本太高。特别是当消费者面对过多相似品牌和型号的产品时，就更加难以作出这一判断了。但是在比较试验机构所发布的测试结果中，所有具有一定市场份额、可比产品的固有性能测评指标，都在同一张表格中呈现给消费者，产品的性价比一目了然，消费者据此可以很容易地判断质量是否是对价格贡献最大的因素。对于没有列在这张表格上的产品，表明这个产品的市场份额很小以至于很少有消费者购买，因而也自然就给了消费者不要购买的提示。因此，在比较试验方法的治理之下，企业若想持续地将产品卖出高价获得更高的利润，只有通过不断地改进产品质量，才能持续获得比较试验机构更高的评分，获得更高的经营业绩，任何一个型号、一件产品的低质量，都可能导致销售大幅下滑的严重后果。

(三) 比较试验方法基于信息广泛传播的治理机制

比较试验信息与传统的以广告、价格为主的产品质量信息相比，有一些显著的差异。首先，比较试验信息有很强的针对性。消费者面对质量信息搜寻时的主要困惑集中在经验品与信任品的经验，而比较试验机构所测试的产品几乎全部都是经验品与信任品，如汽车、家用电器、消费电子产品、运动器材、食品、药品等。这一产品测试类型针对性的特征，本身就是比较试验机构测试计划产生程序的自然结果，反过来又成为了消费者购买决策中的刚性需求，形成了一个良性的互动机制。其次，比较试验信息有很强的集成性。传统的产品质量信息，多以单一品牌、单一产品，甚至单一型号的形式出现，这也是广告信息与价格信息本身所必然会出现的特征，因为没有任何一个生产商会去替竞争对手做广告（而法律又禁止广告中直接诋毁其他品牌的产品）。这种单一性显著地增加了消费者的信息搜寻成本，以及获得信息之后的决策困难。而比较试验信息集成性地呈现产品质量信息，不仅表现在对产品类型的集成（每期杂志一般都发布 3—5 种产品的测试结果）上，还表现在对多个相似可比产品信息的共同展示上，这又进一步地降低了消费者在单个产品上的信息搜寻与决策成本。

比较试验方法对于消费者在产品质量信息的搜寻与甄别上最大的贡献在于，创造了一种独立于广告、价格等传统质量信息形式之外的一种崭新的质量信息的类型。通过独立于生产商之外，同时又兼容了生产商与消费者共同利益的机制设计，比较试验机构创新了一种客观、中立的质量信息。这种质量信息为消费者创造了可靠的信息搜寻来源，极大地降低了信息搜寻的成本和购买决策中的不确定性。同时，比较试验方法还创新了集成性的产品质量信息传播方式，对于生产商的广告行为有着显著的影响，使得生产商做误导性广告的可能性大大降低。事实上在比较试验信息发布之后，高质量产品的生产商才更有动力做广告、传播更多的质量信息（Archibald et al., 1983）。从质量信息的传播能力来说，比较试验机构拥有很强的动机和动力去传播其生产的质量信息，只有信息传播出去被消费者认可，并最终被消费者所购买，才能让比较试验机构获得持续运营的经费。因此，比较试验机构普遍投入大量资源来传播生产的质量信息，以 CU 为例，在 2014 财年的经营费用（operating expenses）支出中，35.8%用于测试信息产品的促销与市场营销，21.6%用于信息有形化与分销，而用于内容生产的支出仅占42.6%，也就是超过一半的支出都用于了将生产的信息广泛地传播出去。同时，比较试验机构拥有较为有效的信息传播反馈机制，用于确认信息接收的效果与信息质量评估，包括定期进行的用户调查，以及最直接的消费者货币选择。但是，不同规模的比较试验机构间，质量信息的传播能力存在较大的悬殊，中小型的比较试验机构并没有足够的预算来实现信息的充分传播。

消费信息的传播对于消费者态度的改变至关重要，而信息源的可信度（source credibility）又是影响信息传播效果的最核心因素（Solomon，2005）。在比较试验信息的传播中，比较试验机构不仅普遍通过客观、中立与透明的操作方式提升机构本身的可信度，还同时借用多个已具备一定可信度的信息源——媒体，来增强比较试验信息的传播能力。比较试验机构除了在自主经营的信息载体上发布测试信息之外，还将测试结果的总体得分（而不含有分项得分）免费交给知名媒体使用，利用消费者对知名媒体的信赖心理加强比较试验信息的传播。如 SW 的一次针对鱼肉制品的测试结果，免费出现在 340 份报纸和杂志的超过 430 篇文章中，这些报纸与杂志的总计销量约 5000 万份，还免费出现在 142 个电视节目和 55 个广播报道中。[①] 对于媒体而言，关于消费产品的质量信息是消费者关注的热点问题，只要生产这一信息的比较试验机构采用的测试方法客观、中立，那么这一测试内容就是一组无风险的、媒体乐意报道的内容；对于比较试验机构而言，虽然免费地提供总体得分的信息，可能导致损失一部分只关心总体得分的消费者购买收入，但广泛的传播为其带来了更为广泛的潜在购买者，因而仍然是合算的。

因此，比较试验方法通过创新的质量信息类型与传播方式，显著降低了消费者搜寻质量信息的交易成本，使消费者能够通过将大量交易成本与信息搜寻的不确定性，以少量支付给比较试验机构的货币成本进行替代，进而显著地缩小消费者与生产商之间的信息不对称，是一个各方都得益的机制设计。

---

① 德国商品检验基金会（SW）的宣传材料，《Stiftung Warentest, MAKING A MARKET FOR CONSUMERS》。

四 本章小结

比较试验作为一种现象自 1927 年第一次在美国出现，经过了几十年的演进与发展之后，已在 40 多个国家和地区得以产生和运行，逐渐成为发达国家和地区普遍采用的一种产品质量治理方法，并形成了一套独特的运行机制。首先，比较试验机构普遍采用非营利组织的治理结构，通过向消费者提供产品质量信息而获取机构运营所需的经费；其次，比较试验机构普遍制定了严格的测试结果产生机制，通过制定独特的产品测试标准而获得独特的产品质量信息；最后，每一个国家的比较试验机构之间，都存在着一定程度的竞争。

比较试验方法之所以会形成这样独特的运行机制，与产品质量的核心利益相关者，以及产品质量信息的独特属性是密切相关的。在产品质量的治理中，核心的利益相关者包括产品的生产者、消费者、政府，以及服务于生产者和消费者的中介服务组织，而消费者作为所有产品的最终使用者和购买者，是所有利益相关者中最为核心的主体。产品质量信息具有准公共物品的属性，是一类典型的"俱乐部"产品，消费者可以非竞争性地使用，但却可以很容易地进行排他性的使用。同时，产品质量信息由于产品自身的特性，可以分为搜寻品、经验品和信任品三种类型，对于消费者来说，最需要的是关于经验品和信任品的产品质量信息。

在比较试验方法对产品质量的治理中，其核心的治理机制，就是通过非营利性质的比较试验机构所提供的产品质量信息，有效地降低了产品质量信息的不对称。第一，比较试验机构普遍采用了非营利机构的治理结构，这一治理结构由于非分配约束的存在，使得比较试验机构有较强的服务于消费者这一信息接收主体的激励，同时又没有因此而私人获利的强烈动机，因而实现了各方利益主体的激励相容。第二，比较试验机构通过创新标准的制定，有效地实现了消费者需求的显示，并通过比较试验机构间标准的竞争，实现了产品质量治理主体与消费者需求的激励相容。第三，比较试验机构通过独特的信息传播方式，主要针对消费者所关心的经验品和信任品来生产和传播产品质量信息，有效提升了信息效率。

第三章 政府单一监管下中国产品质量治理的现状分析

一 中国产品质量治理的现状

(一) 中国产品质量治理的背景与概况

自 1949 年中华人民共和国成立并确立了社会主义制度之后,全盘借鉴苏联政府的模式,在国内也建立了国家计划式的经济体制。在这一体制的框架下,国内几乎所有资源、资本的产权,全部都是国家所有,所有产品的生产制造和销售,也全部都只能由国有(在农村地区为集体所有)的工厂、公社、商场和供销社来提供。此时国内所有的生产和经营单位,都是整个国家行政机构体系中的一部分,企业被赋予相应的行政级别,接受政府主管部门的直接领导和控制(吴敬琏,2010)。国有企业从高层经营管理人员到普通员工的任免与聘用,到企业具体生产经营计划的制订、审批和执行,再到产出产品的具体分配计划制订与执行,每一个企业行为都要得到政府的批准才能实施。为了对企业的产品质量进行管理,1949 年 10 月新中国刚刚成立,就在中央技术管理局中专门设立标准处和度量衡处,后经过一段时间的机构划转和职能调整的演变之后,于 1978 年计划经济体制结束之前又合并成为国家标准计量局,以管理工业生产中的标准制定和计量管理工作。[①] 由于产品的销售不存在任何竞争,使得政府缺乏有效的手段来激励或约束企业达到并提

[①] 武汉大学质量发展战略研究院:《中国特色质检体制机制研究》,2014 年。

升产品的质量，只能通过意识形态教育的精神激励来替代物质上的有形激励。①

1978年开始改革开放之后，特别是在产品领域，不论是食品、农产品还是工业产品，计划经济体制下被压抑的生产能力，在这一时期得到了根本性的释放，国有企业生产产品的市场份额，从曾经的近乎100%快速下降，大量由民营企业和乡镇集体企业生产的产品，开始在市场上被广泛销售和消费。为了对这一新的市场结构下产品质量进行治理，政府从立法与行政规制两个方面，都出台了相应的法律法规和监管手段。从立法的层面来看，我国政府所颁布实施的法律如表3-1所示。

表3-1　　　　　　　我国与产品质量规制相关的法律

编号	法律名称	通过时间	修订时间
1	《中华人民共和国计量法》	1985年9月6日	2013年12月28日
2	《中华人民共和国标准化法》	1988年12月29日	
3	《中华人民共和国产品质量法》	1993年2月22日	2000年7月8日
4	《中华人民共和国消费者权益保护法》	1993年10月31日	2014年3月15日
5	《中华人民共和国食品卫生法》	1995年10月30日	2009年6月1日废止
6	《中华人民共和国药品管理法》	2001年2月28日	
7	《中华人民共和国农产品质量安全法》	2006年4月29日	
8	《中华人民共和国食品安全法》	2009年2月28日	
9	《中华人民共和国特种设备安全法》	2013年6月29日	

从表3-1可以看到，自改革开放以后，在产品质量治理的领域中，政府共出台了9部（现行8部）用于产品质量规制的法律。其中，在改革开放早期出台的《中华人民共和国计量法》、《中华人民共和国标准化法》和《中华人民共和国产品质量法》，是将产品质量从通用性能以及利益相关主体行为的角度，对产品质量安全与质量促进行为同时进行规制的法律，但难以在实际监管中成为执法的依据，特别是在面对集中出现的质量事件时，这些法律尚不能起到有效的规制作用。因而在后

---

① 中国资本主义工商业的社会主义改造湖北卷武汉分册编委会：《中国资本主义工商业的社会主义改造（湖北卷武汉分册）》，中共党史出版社1991年版。

期，政府逐渐将法律的规制面向了食品、药品、农产品、特种设备等质量风险高发的产品领域，并将规制的重点从确保质量转移到质量安全监管。如为了应对 2004 年起频繁发生的农产品食物中毒事件，以及 2002 年开始和美、日、欧盟国家间与日俱增的农产品安全摩擦，国务院于 2006 年 4 月 29 日通过了《中华人民共和国农产品质量安全法》，以保障农产品质量安全和维护公众健康（龚一帆等，2006）。又如为了应对 2008 年在国内和国际都造成了巨大影响的"三聚氰胺奶粉"事件，国务院于 2009 年 2 月 28 日通过了《中华人民共和国食品安全法》，以保障食品安全和公众健康与生命安全，确立了基于安全风险监测与评估的管理制度，并加大了食品安全违法行为的惩处力度。还有频繁发生的压力容器管道、电梯、游乐设施等特种设备安全事故，也催生了《中华人民共和国特种设备安全法》在 2013 年 6 月 29 日出台。与此同时，政府还于 2013 年开始，系统研究对消费品领域的产品质量进行法律规制。不仅如此，除了直接面向企业和产品的质量治理之外，在国际上消费者运动的影响下，国务院于 1993 年 10 月 31 日通过了《中华人民共和国消费者权益保护法》，从法律层面保障消费者的合法权益，并在 2014 年通过了对这一法律较大的修订，加强了对消费者的保护力度。

从行政规制的角度来看，我国政府所颁布实施的涉及产品质量监管的行政规章，以及主要政府产品质量监管部门制定的相关管理办法如表 3-2 所示。

表 3-2　　　　　　　　我国与产品质量治理相关的法规

编号	行政规章名称	下发文号	实施时间	修订时间
1	《中华人民共和国工业产品生产许可证管理条例》		1984 年 4 月 7 日（试行）	2005 年 9 月 1 日
2	《标准化法实施条例》	中华人民共和国国务院令第 53 号	1990 年 4 月 6 日	
3	《中华人民共和国食品安全法实施条例》	中华人民共和国国务院令第 557 号	2009 年 7 月 20 日	
4	《中华人民共和国认证认可条例》	中华人民共和国国务院令第 390 号	2003 年 11 月 1 日	

续表

编号	行政规章名称	下发文号	实施时间	修订时间
5	《缺陷汽车产品召回管理条例》	中华人民共和国国务院令第626号	2013年1月1日	
6	《饲料和饲料添加剂管理条例》	中华人民共和国国务院令第327号	1999年5月29日	2001年11月29日
7	《农药管理条例》	中华人民共和国国务院令第326号	1997年5月8日	2001年11月29日
8	《危险化学品安全管理条例》		1987年2月17日	2002年3月15日
9	《棉花质量监督管理条例》	中华人民共和国国务院令第314号	2001年8月3日	
10	《工业产品质量责任条例》	国发〔1986〕42号	1986年7月1日	
11	《医疗器械监督管理条例》	中华人民共和国国务院令第650号		2014年6月1日
12	《乳品质量安全监督管理条例》		2008年10月9日	
13	《生猪屠宰管理条例》	中华人民共和国国务院令第525号	1997年12月19日	2008年8月1日
14	《中华人民共和国药品管理法实施条例》	中华人民共和国国务院令第360号	2002年9月15日	
15	《农业机械安全监督管理条例》	中华人民共和国国务院令第563号	2009年11月1日	
16	《化妆品卫生监督条例》	1989年11月13日卫生部令第3号	1990年1月1日	
17	《军工产品质量管理条例》	1987年6月5日国防科工委发布	1987年7月1日	
18	《产品质量监督抽查管理办法》	国家质检总局令第133号		2011年2月1日
19	《食品召回管理办法》	国家食品药品监督管理总局令第12号	2015年9月1日	
20	《食品安全抽样检验管理办法》	国家食品药品监督管理总局令第11号	2015年2月1日	
21	《药品经营质量管理规范》	卫生部令第90号	2013年6月1日	
22	《食品检验机构资质认定管理办法》	国家质检总局令第131号	2010年11月1日	
23	《食品生产许可管理办法》	国家质检总局令第129号	2010年6月1日	
24	《食品药品违法行为举报奖励办法》	国食药监办〔2013〕13号	2013年1月8日	

从以上列举的政府对产品质量进行规制的领域与内容来看，我国当前政府的质量监管主要有如下一些方法和手段：

1. 市场准入管理

为确保重要工业产品的质量，国务院于1984年4月颁布了《工业产品生产许可证试行条例》，对纳入国家计划和非计划性产品，均实行未经政府许可不得生产的生产许可证管理制度，通过控制市场准入的方式来控制产品质量。根据现行的《中华人民共和国工业产品生产许可证管理条例》，国家质检总局2012年第181号公告规定：

除化妆品外有61类重要工业产品适用于生产许可证制度，包括：

（a）乳制品、饮料、食用油、米、面、肉制品、酒类等直接关系到人体健康的加工食品；

（b）压力锅、电热毯、燃气热水器等可能危及人身财产安全的产品；

（c）防伪验钞仪、税控收款机、卫星电视广播地面接收设备、无线广播电视发射设备等，关系金融安全和通信质量安全的产品；

（d）安全帽、安全网、建筑扣件等保障劳动安全的产品；

（e）桥梁支座、电力铁塔、水工金属结构、铁路工业产品、危险化学品及其包装物、容器等，影响生产安全和公共安全的产品；

（f）法律、行政法规要求依照条例规定的其他产品。

特别是针对加工食品，政府在屡次出现的食品质量安全风险爆发之后，逐渐采取更为严格的食品质量监管政策，其中就包括专门面向加工食品的市场准入管理。在2008年"三聚氰胺奶粉"事件之后出台的《食品安全法》中规定：

国家对食品生产经营实行许可制度，凡是从事食品生产、流通、餐饮服务的企业，应当依法取得食品生产许可、食品流通许可、餐饮服务许可，未取得"食品生产许可证"的企业不得生产食品，任何企业和个人不得销售无证食品。

同时，工业与信息化部针对乳制品行业，制定了《乳制品加工行业准入条件》，对乳制品生产企业的进入门槛做了更详细的规定。

2. 产品标准控制

对于在国内生产或销售的企业，现行的《标准化法》和《标准化实施条例》规定，所有企业必须遵循一定的标准作为依据方能生产，对于存在公共标准的产品类型，企业生产的依据须等于或高于公共标准；若企业生产的产品类型不存在相应的公共标准，那么企业应当制定相应的企业标准作为组织生产的依据，并报当地政府标准化行政主管部门和有关行政主管部门进行备案。我国现行的公共标准分为强制性标准和推荐性标准，对于以下类型的标准：

（a）食品卫生标准，药品标准和兽药标准；
（b）产品及产品生产、储运、使用中的安全、卫生标准，劳动安全标准、运输安全标准；
（c）工程建设的安全、卫生、质量标准，以及国家需要控制的其他工程建设标准；
（d）环境保护的污染物排放标准、环境质量标准；
（e）重要的通用技术术语、代号、符号和制图方法；
（f）通用的试验、检验方法标准；
（g）互换配合标准；
（h）国家需要控制的重要产品质量标准。

政府制定了强制性标准并要求企业必须达到，对于违反的企业将责令其停止生产并没收产品，监督销毁或作必要技术处理，同时处以货值一定比例和金额的罚款。

3. 强制性认证认可

为履行加入 WTO 的承诺，以及满足国际贸易中的验货条件，我国政府自 2001 年 12 月 3 日起实施"中国强制性产品认证制度"（China Compulsory Certification，简称"3C 认证"），对列入目录的 19 大类 132 种产品实行强制性安全认证。在此之后，2003 年公布的《认证认可条例》中，明确规定了政府对必须经过认证的产品，制定统一的产品目录，统一的技术规范和强制性要求、标准与合格评定程序，并制定统一的标志和统一的收费标准。对于纳入强制性认证的产品类型，统一的产品目录由国务院认证认可监督管理部门，会同对产品负有监管职责的政府部门共同制定、调整。对于认证机构和工作人员的资质，政府实行强制性实验室认可①和人员资格认可，只有获得了国家相应认可资质的认证机构、实验室和人员，才能在该领域提供相应的服务。

4. 强制性检验检测监督

自1985年开始，政府出台了产品质量监督检查制度，授权县级以上产品质量监管部门，对生产和流通领域的产品实施质量监督，通过对企业生产和销售产品进行一定比例的抽样，依照一定的产品标准进行检验检测的方式，以发现产品中可能存在的质量风险。对于由此检查出存在质量风险的产品，政府相关部门对生产流通企业依照规定进行查处和强制整改，并将质量风险面向公众进行公告。同时，为了配合行政机构对产品质量的监督抽查和监管，政府在几乎所有具有质量监管职能的行政机构下，按照与机构行政级别对应的方式设置了大量事业单位性质的质量技术机构，总量达到近12000家，期望增强政府质量监管的技术能力。

5. 缺陷产品召回

近年来，对于汽车、食品、儿童玩具等涉及重大人身、财产安全的产品类型，我国政府学习发达国家和地区的普遍经验，制定并实施了缺陷产品召回制度。所谓召回，是指产品生产者对其已售出的有缺陷产品，采取措施消除缺陷的活动。对于存在质量缺陷的产品，政府采取了强制性召回的手段，要求企业必须依照调查结果制订召回计划，并在规定时间内实施召回，若违反规定则处以相应的处罚或吊销相应的许可。

除了政府依法依规所采取的产品质量监管，企业作为市场主体和产品质量中介服务机构，还主动引进、推行了一些国际上普遍采用的质量治理方法和工具，如产品质量认证②、质量体系认证③、全面质量管理、六西格玛管理、精益生产、危害分析临界控制点（HACCP, Hazard A-

---

① 实验室认可指的是，实验室认可机构对实验室有能力进行规定类型的检测和（或）校准所给予的一种正式承认。在我国，唯一有资格对实验室进行认可的机构是中国国家认证认可监督管理委员会。

② 根据《中华人民共和国产品质量认证管理条例》，产品质量认证指的是：依据产品标准和相应技术要求，经认证机构确认并通过颁发认证证书和认证标志来证明某一产品符合相应标准和相应技术要求的活动。

③ 质量体系认证指的是，由具有独立第三方法人资格的认证机构派出合格审核员组成的检查组，对申请方质量体系的质量保证能力，依据质量保证模式标准进行检查和评价，对符合标准要求者授予合格证书并予以注册的活动。

nalysis Critical Control Point)、良好农业规范（GAP，Good Agricultural Practice）等。

（二）中国产品质量治理的效果

消费者作为产品的最终购买者与使用者，对于当前所消费产品质量的感知与评价，能够直接反映当前我国产品质量治理的效果。消费者对于产品质量的评价，可以从质量安全和质量满意度这两个角度进行衡量（程虹等，2011），前者是社会对产品质量所能容忍最低底线水平的衡量，即产品对消费者造成生理伤害的感知程度；后者是对产品质量由于不断地进步与提升，能够在质量安全的基础上多大程度地满足消费者需求的衡量（程虹，2013）。同时，政府作为我国质量治理的核心主体，其质量治理的行为反映在相关的政府公共服务活动中，消费者对于政府在产品质量治理中的公共服务评价，能够从另一个角度反映我国当前产品质量治理的效果。

武汉大学的"中国宏观质量观测"课题组自2012年至今，连续三年对中国消费者的产品质量评价，从质量安全与质量满意度这两个维度进行了调查，并同时对政府质量公共服务的消费者感知做了相应的调查。调查要求消费者对日常生活中普遍用到的、不同类型产品的安全性和质量满意度感受，以及对政府产品质量公共服务的感知，按照"10，9，8，7，6，5，4，3，2，1"的量表进行选择打分，其中10分为最满意，1分为最不满意。在回收消费者问卷之后，在所有的有效调查问卷中，被调查消费者的评分求算术平均值后进行百分制标准化处理，其结果呈现如下。

1. 产品质量安全性的评价

表3-3　　　　　　　　2014年产品质量安全评价

编号	产品类别	2014年分值
1	所消费产品的总体安全性	59.17
2	本地区食品的总体安全性	57.97
3	本地区肉类的总体安全性	59.13

续表

编号	产品类别	2014 年分值
4	本地区乳制品的安全性	60.65
5	本地区食用油的总体安全性	60.22
6	本地区粮食（米面等）的总体安全性	63.35
7	本地区家用电器的总体安全性	67.33
8	本地区电脑的总体安全性	65.64
9	本地区日用消费品的总体安全性	64.86
10	本地区服装的总体安全性	65.25
11	本地区儿童用品的总体安全性	60.88
12	本地区化妆用品的总体安全性	59.66
13	本地区汽车的总体安全性	65.04
14	本地区药品的总体安全性	64.07
15	本地区农业生产资料的总体安全性	63.42
16	本地区电梯的总体安全性	62.88

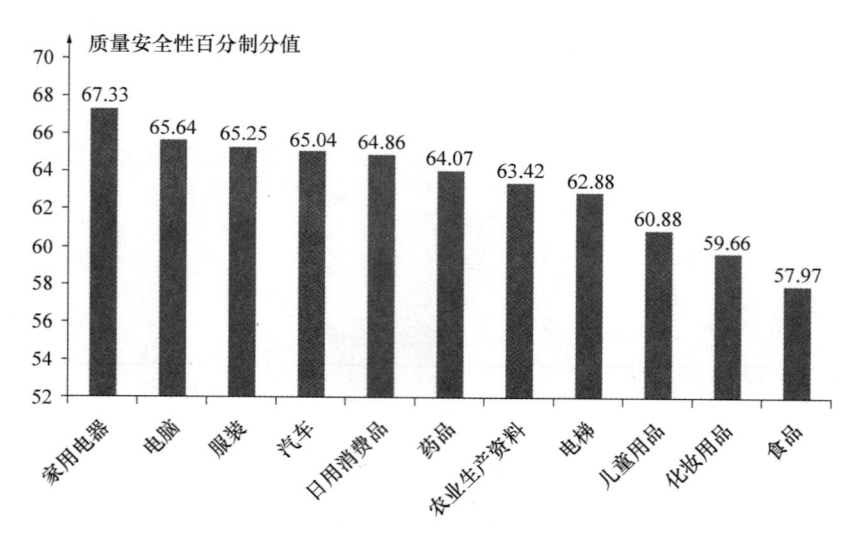

图 3-1　2014 年不同类别产品质量安全性分值及排名

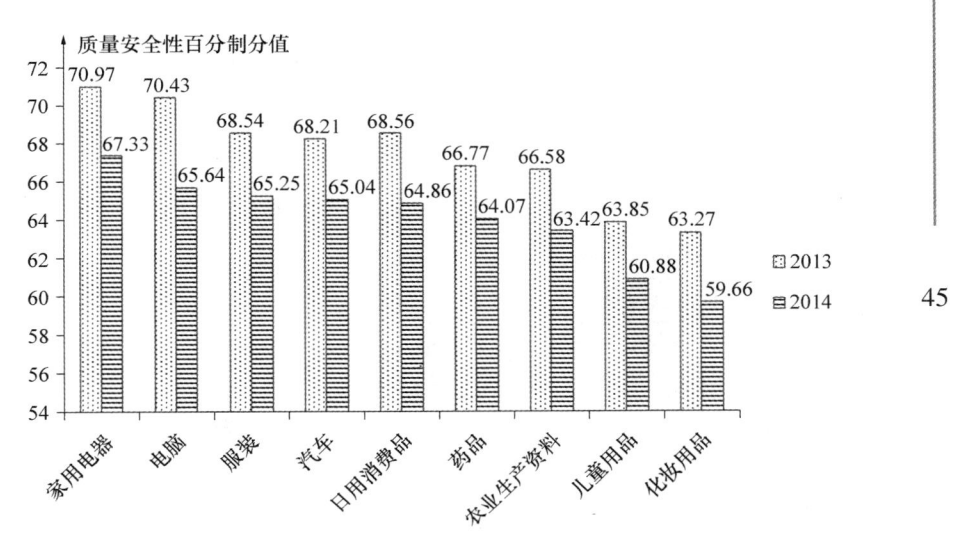

第三章 政府单一监管下中国产品质量治理的现状分析

图 3-2　2014 年与 2013 年不同类别产品质量安全性评价的变化

从以上图表的数据中可以看到，在 2014 年的年度评价中，消费者对于"所消费产品的总体安全性"评价为 59.17 分，尚未达到 60 分的及格水平，表明消费者对于目前产品质量安全性的评价，总体上低于可接受的一般水平。从不同的产品类型来看，消费者对于家用电器、电脑、服装等普通消费品的质量安全评价较高，而对于食品和化妆用品的质量安全评价较低，这两类产品得到的评分都低于 60 分，也就是说这两类产品的质量安全水平都未能达到消费者可接受的一般水平。从 2014 年与 2013 年两个年度的产品质量安全性评价的对比来看，消费者对于所消费产品安全性的总体评价，以及不同类型产品的质量安全性评价，均呈现出显著的下降。由此可见，消费者对于当前产品质量治理的评价，从质量安全的角度来说是不理想的，且不满意的程度在加大，总体上并未达到消费者可接受的一般水平，同时在不同的产品类型间还存在较大的差异。

2. 产品质量满意度的评价

表 3-4　　　　2014 年度消费者产品质量满意度评价得分

编号	产品类别	2014 年分值
1	本地区产品质量的总体满意度	62.32
2	本地区食品质量的总体满意度	59.23

续表

编号	产品类别	2014年分值
3	本地区肉类质量的总体满意度	59.46
4	本地区乳制品质量的总体满意度	61.18
5	本地区食用油质量的总体满意度	59.90
6	本地区粮食（米面等）质量的总体满意度	63.47
7	本地区家用电器质量的总体满意度	67.55
8	本地区电脑质量的总体满意度	65.93
9	本地区日用消费品质量的总体满意度	65.00
10	本地区服装质量的总体满意度	65.36
11	本地区儿童用品质量的总体满意度	61.25
12	本地区化妆用品质量的总体满意度	59.81
13	本地区汽车质量的总体满意度	65.23
14	本地区药品质量的总体满意度	62.14
15	本地区农业生产资料质量的总体满意度	63.70
16	本地区电梯质量的总体满意度	63.07

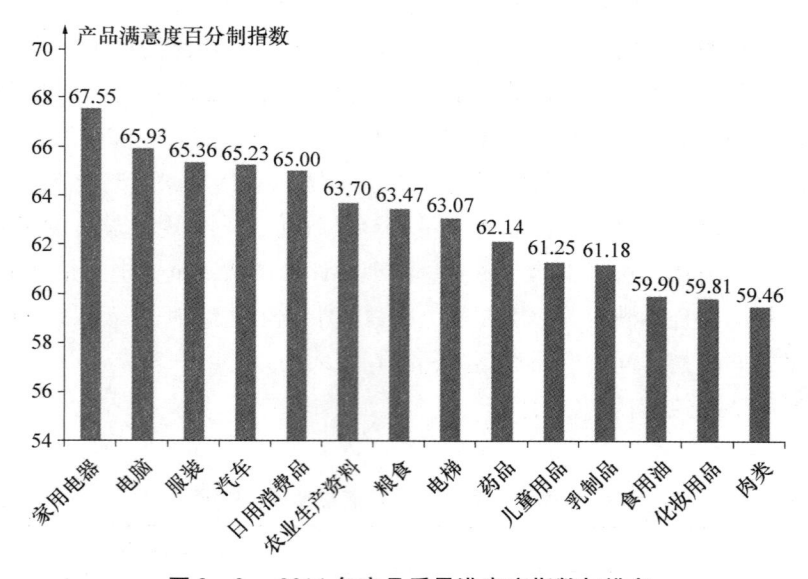

图3-3　2014年产品质量满意度指数与排名

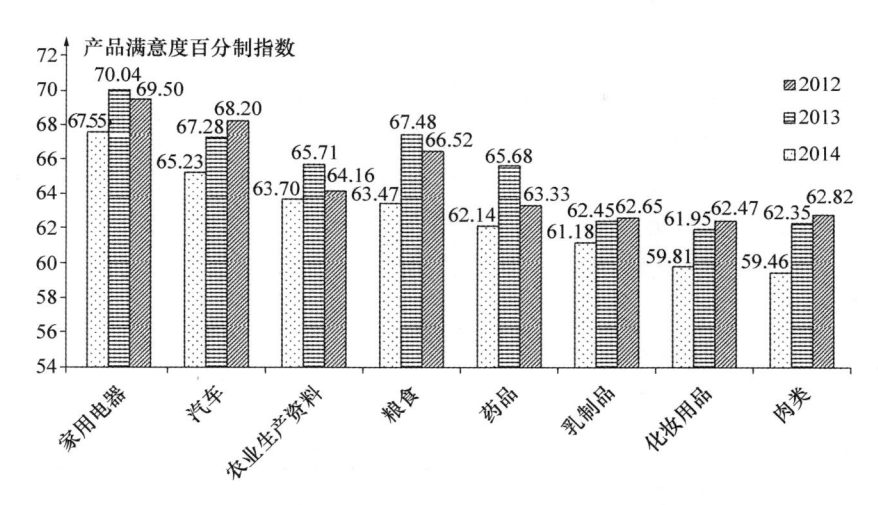

图 3-4　2012 年、2013 年与 2014 年产品质量满意度对比

表 3-5　2012 年、2013 年与 2014 年产品质量满意度评价分布结构对比

比较项目	区间	2012 比重	2013 比重	2014 比重
产品质量满意度评分	(70, 100]	21.21%	6.25%	0
	(65, 70]	33.33%	50%	25%
	(60, 65]	42.42%	43.75%	50%
	(0, 60]	3.03%	0	25%

从以上图表的数据可以看出，在 2014 年的年度评价中，消费者对于"本地区产品质量的总体满意度"评价为 62.32 分，略高于 60 分的及格水平，表明消费者对于目前产品质量满意度的评价，总体上略高于可接受的一般水平。从不同的产品类型来看，消费者对于家用电器的质量满意度最高，评分为 67.55 分，对电脑、服装、汽车和日用消费品的质量满意度得分均在 65 分以上，而对于食用油、化妆品和肉类的质量满意度评分排在最后三位，分别为 59.90、59.81 和 59.46 分，并略低于及格水平，也就是说这三类产品的质量满意度水平都未能达到消费者可接受的一般程度。从 2012 年至 2014 年三个年度的产品质量满意度评价的对比来看，消费者对于所消费产品满意度的总体评价，以及不同类型产品的质量满意度评价，均呈现出不同程度的下降，特别是在食品、药品、化妆用品类产品上下降得较为明显。不仅如此，从 2012 年到 2014

年的对比分析中还可以看到,消费者对于产品质量满意度的评分区间,有明显下移的趋势,即虽然仍有少部分消费者对产品质量满意度的评价较高,但这一比重越来越小,更多的消费者逐渐分布于评分更低的区间内。由此可见,消费者对于当前产品质量治理的评价,从质量满意度的角度来说同样是不理想的,且不满意的程度在加大,总体上虽然达到了消费者可接受的一般水平,但从产品类型与趋势的分析来看都存在较大的危机。

3. 政府公共服务的评价

表3-6　　　政府产品质量公共服务的消费者调查结果

结构变量	2014年分值	观测指标(问项)	2014年分值
		产品质量公共服务总体	56.93
质量预警与预防	57.74	政府对重大质量安全事件处理的及时性	59.09
		政府部门对质量违法者处罚的合理性	57.69
		政府对质量安全的预警效果	56.45
质量信息提供	57.28	对政府所发布质量信息的信任程度	58.74
		政府所发布质量信息对您消费的指导作用	57.50
		获得政府发布的质量参考信息的方便性	56.75
		政府对质量信息的公开性	56.71
		政府发布质量信息的及时性	56.67
总体形象	57.17	本地政府所提供的质量公共服务水平	57.90
		对本地政府质量监管部门的信任度	56.45
质量教育与救济	57.09	政府进行质量的宣传与教育活动的力度	57.96
		消费者组织对消费者权益的保护效果	56.68
		政府部门对质量受害者的保护力度	56.64
消费环境	57.02	日常生活中买到假货/过期产品的可能性	57.34
		退换货的处理效果	56.70
质量投入	55.90	对本地政府质量诚信建设效果的评价	56.69
		公民质量权益被政府重视的程度	56.26
		对本地政府对质量投入的重视程度评价	56.18
		本地政府对质量投诉的响应速度	55.34
		本地政府打击假冒伪劣/专项整治的效果	

表 3-7　　　　　政府公共服务各维度的年度比较

编号	结构变量	2014 年分值	2013 年分值	差值
1	质量预警与预防	57.74	57.95	-0.21
2	质量信息提供	57.28	59.20	-1.92
3	总体形象	57.17	57.77	-0.60
4	质量教育与救济	57.09	58.38	-1.29
5	消费环境	57.02	55.37	1.65
6	质量投入	55.90	57.00	-1.10

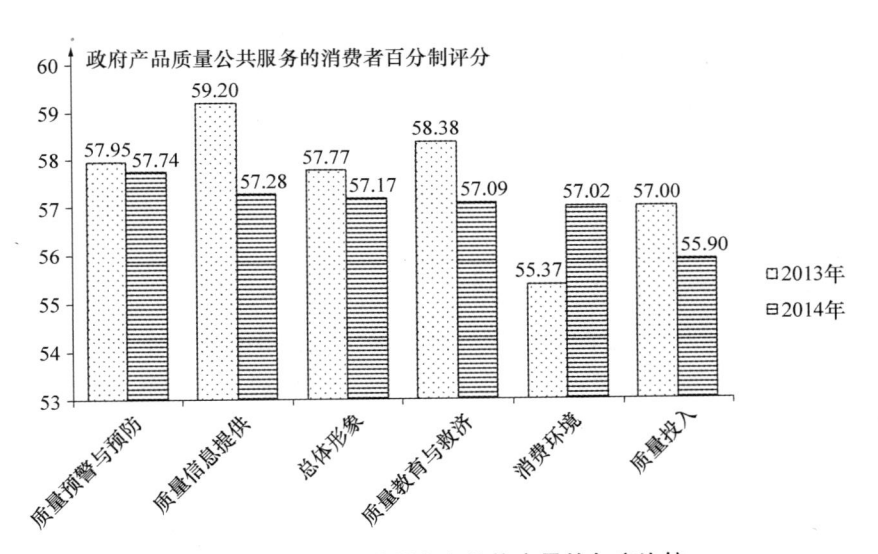

图 3-5　质量公共服务各结构变量的年度比较

从以上图表的数据中可以看到，在 2014 年的年度调查中，消费者对于政府产品质量公共服务的总体评分为 56.93 分，低于及格水平 3.07 分，表明消费者对于目前政府产品质量公共服务的评价，总体上低于可接受的一般水平。从分项调查的得分可以看到，政府公共服务在 6 个维度、20 个分项的得分当中，无一超过 60 分的及格水平，也就是说消费者对于这 20 个指标的评价，都低于可接受的一般水平。将 2014 年与 2013 年的数据进行对比还可以发现，消费者除了对消费环境的评价有所提升之外，其他维度的公共服务评价均有不同程度的下滑，特别是在"质量信息提供"维度的评价上，出现了最大幅度的下滑。由此可见，消费者对于当前产品质量治理的评价，从政府质量公共服务的角度来说同样是不理想的，且不满意的程度在加大，不仅总体上未能达到消费者可接受的一般水平，在不同的维度上也都未能达到消费者可接受的一般水平。

综合以上对于产品质量安全性、产品质量满意度，以及政府公共服务三个角度的三年调查数据可以看出，当前我国产品质量治理的效果，总体上来说未能达到消费者所能接受的水平，也就是说治理的效果是较差的。应当说，虽然国内采取了一系列的产品质量治理规制、方法和手段，但并未达到预期的治理效果。

（三）中国产品质量治理的经济效率

作为治理制度中的一种，以及一系列公共政策的集合，有必要对我国这一由政府监管为主的质量治理制度的绩效进行评价。North（1981）将制度看作是推动一个国家经济增长的根本，因而从制度对国家经济增长贡献的角度评价绩效，以总产出（及人均产出）、成本与收益的分配，以及社会收入的分配来衡量制度绩效。Ostrom（1993）将制度这一概念从公共治理权力结构特别是公共资源配置的角度进行诠释，提出用经济效率、公平（财政平衡与再分配）、责任和适应性来衡量制度的总体绩效，以及一系列的交易成本和转换成本来间接性地衡量制度绩效。英国国家审计署（2003）提出用经济（economy）、效率（efficiency）和效果（effectiveness）"3E框架"来评估政府绩效，目前也成为美国、英国等西方国家中多个政府部门用以评价绩效的模型框架或模型框架的基础。可见，制度绩效评价的核心是制度的经济效率，也就是对制度成本与收益的分析。

对中国质量治理制度经济效率的衡量，需要对制度运行的成本和收益分别进行评价与估算。以政府监管为主导的质量治理制度，从其提出伊始到最终付诸实施并实际持续运行的过程中，存在诸多或阶段性、或持续性的成本，如针对某一产品领域进行规制的立法会产生阶段性的立法成本，而一旦立法完成并通过实施，取而代之的则是行政与司法的成本。对于收益的衡量亦是如此，治理制度在不同的宏观制度环境中产生不同的收益，并不是一个随着时间推移和人口增长而简单线性增长的关系。因此，本节对于成本与收益的衡量，采用对边际成本与边际收益进行测算的方法，以2014年的数据为基础来源，分别计算制度运行每年新增的成本与收益，进而考察在当前这一时点上质量治理制度运行的经济效率，而制度建立本身的沉默成本、制度变迁的成本及收益，并不在本节所讨论的范围之内。本节余下部分所提到的成本与收益，均指的是边际成本与边际收益。

政府质量监管的边际成本，包括监管的直接成本与交易成本。政府质量监管的直接成本，是政府实际承担监管职能的行政规制机构的运行成本。虽然司法机关在质量监管中同样起到不可或缺的作用，但是一方面针对质量治理领域的司法行为成本非常难以界定；另一方面司法中所伴随的诉讼费用、罚款等费用能够弥补司法行为的成本，因而在这里仅考虑政府行政机构的运行成本。政府质量监管的交易成本，包括监管中的信息成本与寻租成本（Ostrom，1993）。信息成本指的是监管过程中收集和组织监管对象时空信息的成本，以及由于信息缺失所造成的错误成本。从信息成本的构成可以看出，信息收集、组织和错误纠正的行为在政府日常监管行为中必然发生，这一交易成本在很大程度上已内化于政府监管的直接成本之中，因而在此不再做单独的计算。寻租成本是只要存在政府监管的领域，就必然会存在的一种交易成本，有时是政府为谋求自身的利益而主动设租，有时则是政府和企业为了达到共同的目的而合谋，在政府质量监管中这两种情况同时存在。前文所述政府面向大部分企业设置的生产许可等行政审批制度，是质量监管中典型的寻租行为，企业通过向政府交纳了通过审批所需的费用（也就是租金），获得了本就应当存在的生产权利，以及表明企业产品达到了政府所规定质量水平的资格。不仅如此，政府通过其直接下属的质量技术机构为企业提供质量服务的方式，制造了政府与企业合谋性的质量监管租金[①]，而企业从中获得了产品能够在市场上自由销售和地方保护的收益。因此，寻租这一交易成本将采用政府行政审批收费，与质量技术机构寻租性服务收入之和来进行测度。

对政府质量监管边际收益的衡量，首先需要界定边际收益的获益者。政府质量监管的对象是生产制造产品的企业，政府的某些行为能够

[①] 质量技术机构作为政府质量监管部门下属的事业单位，其质量服务收费虽不能直接冲抵上级行政单位的费用，但会以监管支撑费用的形式从财政返还。

为企业带来一定的收益，如执法打假、授予名牌、质量奖评选等。但是，从政府作为"守夜人"维护社会基本安全、健康、环保底线的出发点来看，政府质量监管的最终受益人应当是一般消费者，政府对企业进行监管的目的，也应当是使消费者能够因此而获得相对更为安全、健康、环保的消费环境。从消费者角度衡量的政府质量监管边际收益，主要是消费者因此而获得的质量安全收益。质量安全的收益，是消费者从政府对质量违法行为的惩处、质量风险的发现与控制等监管行为中所获得的保护。这一收益并不是直接转移到消费者个人的货币性收益，因而需通过对质量安全的影子价格测算进行间接的评估，即采用若不存在政府质量监管，消费者可能花费的医疗费用以及病假所带来的净产出损失之和来进行测度。

基于以上对经济效率评价中各项成本与收益的界定及测算方法的描述，具体的成本与收益计算展开如下：

1. 政府质量监管的边际成本

（1）直接成本 C1

此处对政府质量监管直接成本的计算，采用对我国主要质量监管部门及其在地方的分支机构的 2014 年支出总额。

表 3－8　　2014 年我国政府质量监管部门的支出　　　　单位：元

监管部门	2014 年财政支出①
国家质检总局	中央 429.48 亿元 地方 326.79 亿元
国家工商总局	估算约 300 亿元*
国家食药总局	中央 151.87 亿元 地方 146.75 亿元
农业部 （农产品质量安全科目）	中央 47.96 亿元 地方 40.54 亿元
商业流通事务 （食品流通安全补贴科目）	中央 0.61 亿元 地方 0.61 亿元
合计	约 1450 亿元

＊工商总局。

---

① 财政部网站公开数据，全国公共财政支出加地方公共财政支出。

续表

全国公共财政支出决算 484.13 亿元，地方公共财政支出决算 479.64 亿元	
其中：行政运行 328.17 亿元	326.94 亿元
一般行政管理事务 35.82 亿元	35.72 亿元
工商行政管理专项 34.25 亿元	32.61 亿元
执法办案专项 29.09 亿元	28.30 亿元
消费者权益保护 7.99 亿元	7.93 亿元
事业运行 11.33 亿元	11.16 亿元
其他工商行政管理事务支出 29.49 亿元	29.28 亿元

从上表的统计中可以看到，2014 年政府质量监管的直接成本 C1 约为 1450 亿元。

（2）寻租成本 C2

寻租成本由 2014 年政府在质量监管中的行政审批收费，与质量技术机构寻租性服务收入之和来进行计算。行政审批收费主要来自生产许可证审批的收费，目前每一个生产许可证申报审批的收费为 3000 元[①]，2014 年全国工业产品生产许可证和食品生产许可证申请企业共约 45000 家，因而 2014 年的生产许可证收费约为 1.4 亿元。

政府监管机构下属的事业性技术机构，通常对企业进行寻租性的服务，这种服务收入地方政府一般会以财政拨款的形式返还回来。中国检验检测认证市场 2014 年约为 7000 亿元的市场规模[②]，其中国有事业单位约占 55% 的市场份额，约为 3850 亿元；质量监管部门下属的质量技术机构占事业性质技术机构总量约 30%，约合 1155 亿元；假设其中 60% 的收入来自于借用行政手段获得的收入，因而这一部分的寻租成本约 700 亿元。

因此，C1 与 C2 之和约为 2150 亿元。

2. 政府质量监管的边际收益

（1）质量安全收益 B1

假设我国与美国消费者受到质量伤害的概率相同，那么按照美国国家电子伤害监测系统所统计的 2013 年数据[③]，我国 2013 年受到产品质

[①] 生产许可证每 5 年需年审一次，但年审不收费。
[②] 赛迪咨询的调查推算。
[③] 根据 NEISS 系统的统计与估算，2013 年美国消费者因产品质量而受到安全伤害的人数为 14033745 人，美国人口为 315091138 人，那么消费者因产品质量而受到伤害的概率为 4.45%。

量伤害的消费者数量约为 60552040 人。① 在中国，12.95% 的消费者很清楚产品质量问题的维权途径，16.73% 的消费者会向行政机关（在我国目前由政府所属消费者协会代行职责）投诉。② 根据中国消费者协会 2013 年的数据，1.28% 的消费者因为产品质量安全问题而投诉，那么据此估计可以得出，2013 年我国消费者中遇到产品质量安全问题的消费者人数约为 35774000 人。2013 年，我国人均卫生费用为 2327.37 元，劳动生产率为 66199 元/人，假设消费者可能因产品质量而花费的医疗费为人均卫生费用的 30%，并为此而请假 1 天带来的净产出损失为劳动生产率的 1/250，那么每个受到产品质量伤害的消费者可能为此付出的成本为 963 元。因此，质量安全的收益 B_1 为 344.5 亿元。

从以上成本与收益的比较可以明显地看出，在我国当前以政府为主导的产品质量治理中，经济效率是非常不合算的，消费者从治理中所获得的收益，显著地低于政府为此而投入的成本。

二 导致产品质量治理低效的原因分析

（一）单一的治理主体缺乏有效制度激励

1. 以政府为主导的单一产品质量治理主体

产品质量治理的制度体系，应当由来自政府、市场和社会三个部门的主体共同构成，市场主体主要包括服务于生产制造企业的第三方检验、检测、认证等的质量技术机构，以及媒体与大众传播体系；社会主体主要包括行业组织、消费者保护组织等"第三部门"组织（程虹，2009）。在当前我国的产品质量治理中，虽然三类主体并存，但对于质量治理的影响力却有着根本性的差距。在国际市场上，质量技术机构通过中介服务起到了沟通买卖双方信任与交易的作用，是市场主体进行质量治理的核心手段。在我国，检验检测认证机构数量达到 24847 家，覆盖食品、药品、卫生、农业、建筑工程、质检、环保、轻工业、纺织、机械、电子、航空、国防等国民经济各个领域，2014 年出具的检验检

---

① 根据国家统计局 2013 年统计公报，我国大陆地区人口总数为 136072 万人。
② 武汉大学质量发展战略研究院：《2012 年中国宏观质量观测报告》，中国质检出版社 2013 年版。

测报告达 2.83 亿份①，理应形成一类有效的产品质量治理主体。进一步对技术机构的结构进行分析可以发现，24847 家技术机构当中，直属于政府拥有质量监管职能行政部门的事业单位法人机构达 10572 家，占机构总量的 42.55%，人、财、物直接受到上级部门的管理和调配，所承担质量监管中的技术检测行为与市场服务行为间界限非常模糊，可以等同于政府质量监管的延伸，而失去了市场主体进行质量治理的实际意义。媒体对产品质量治理的意义，在于通过公正、理性的质量信息披露行使舆论监督权（罗英，2015）。我国的媒体数量众多、形式各异，虽然在近十年内已基本完成企业化改革成为真正的市场主体，但仍受到政府主管部门和地方政府的直接干预，难以公正地披露完整、完全的质量信息。

行业组织是由相似、相关联的行业内企业和专家组成的，对本行业企业的质量标准、企业行为进行自我管理的自治性组织，是国际上质量治理的重要社会治理主体，其自治的核心手段，是通过自主制定组织内企业均认可的质量标准，来规定企业产品质量的最低标准，进而约束企业的市场竞争行为（Krislov，1997）。然而目前在我国，政府之外的主体没有权力审核、通过并发布标准，使得国内的行业组织更像是行业性的商会，而失去了产品质量的治理功能。消费者保护组织在全球都是推动消费者运动和消费者维权的重要力量，是社会组织对质量治理最重要的形式之一。我国自 1984 年经国务院批准，成立中国消费者协会这一全国性社会团体以来，2014 年全国县以上分支机构已达 3138 个②，均属于国家工商总局及其在各地的分支机构，人员由政府任免，经费在由政府提供的同时，从企业获得一定的服务费用。这样的机构设置和人、财、物配置方式，违背了国际上通行的由政府和企业之外民间力量成立并运营消费者组织的惯例，受制于政府和企业的状态也很难真正有效地实施消费者保护和维权。

以上的分析表明，虽然我国有多种产品质量治理的主体共同存在，但它们实质上处于政府的直接或间接控制之下，无法真正发挥其应有的治理作用，使得政府成为全社会中占绝对主导性的产品质量治理主体。

---

① 2015 年 3 月 2 日由国家认监委发布的《我国检验检测服务业统计数据》（http://news.xinhuanet.com/food/2015-03/02/c_127536270.htm）。

② 中国消费者协会官方网站。

2. 政府质量监管主体的构成

出于对产品质量治理的重视，自1949年10月新中国成立，就在中央技术管理局中专门设立标准处和度量衡处，以管理工业生产中的标准制定和计量管理工作。改革开放之后，政府将企业的市场监管职能于1978年9月从商业部独立出来，成立了国家工商行政管理局，后承担流通领域的产品质量监管和消费者保护的职能。1988年7月，国务院又将原有承担标准化、计量与纤维检验职能的机构，整合成为国家技术监督局，承担企业的质量监管职能。为顺利加入世界贸易组织（WTO），国务院于2001年4月整合原有的国内、国外产品质量监管，以及标准化和认证认可管理职能，成立了国家质量监督检验检疫总局（以下简称"国家质检总局"），以对国内外产品质量实施统一标准的监管。相应地，政府也赋予了这些行政部门一定的执法职能，允许各层级的行政机构对其管辖范围内的违法行为进行调查和惩处。对于重大的质量违法事件或诉诸法院的民事纠纷，则由司法机构对其进行处理。在食品安全的监管上，2001年以后经历了监管职能的"大分散"与"大集中"，2013年国务院实施的机构改革与职能调整，结束了13个政府部门共同监管食品的局面，将除农业部外所有的食品和药品监管机构和职能，划转整合成为国家食品药品监督管理总局，并计划设立食品药品违法侦查局，以加强对该领域违法犯罪行为的查处。至此，在我国所形成的政府质量监管体系中，具有产品质量监管职能的行政机构主要由如下政府部门构成（见表3-9）：

表3-9　　我国现有政府质量监管部门及其重点监管领域[①]

	监管部门名称	重点监管领域
1	质检总局	实行生产许可证管理的工业产品；列入强制性认证产品目录的产品；列入法定检验目录的进出口商品；特种设备；进出口的食品；棉花及纤维产品；列入强制检定目录的工作计量器具；汽车、家用电器、儿童玩具等列入召回管理范围的产品
2	工商总局	流通领域的商品（除食品外）质量；打击非法拼装汽车
3	工业和信息化部	汽车、食盐、农药、烟草、民用爆炸品、危险化学品、电信通信互联网设备、军工产品

---

① 各部委官方网站对机构职能的描述。

续表

	监管部门名称	重点监管领域
4	农业部	农产品、农作物种子、草种、种畜禽、农药、兽药、饲料及添加剂、农业机械、渔船
5	食药监总局	食品、药品、医疗器械、化妆品、医疗器械、餐饮服务领域食品
6	环保部	制定水、大气、土壤、噪声、光、化学品、机动车等污染防治管理制度并组织实施
7	公安部	机动车、消防产品、民用爆炸物、危险化学品、易制毒化学品、烟花爆竹
8	交通部	道路运输车辆、船舶、海上设施、民用航空产品及航空材料与零部件
9	商务部	生猪（屠宰）产品
10	安监总局	危险化学品、易制毒化学品、民用爆炸物品、烟花爆竹、煤矿、矿山用特种设备

从表3-9中所列举的各部门重点监管领域可以发现，在这10个主要的产品质量监管部门间，其监管职能是相互重叠与交叉的，表现在产品领域与生产环节这两个方面。在产品领域方面，食品、化学品、汽车、船舶、民用爆炸物、特种设备等产品类型，均有两个或两个以上的政府部门对其产品质量进行同时监管；在生产环节方面，几乎所有的产品类型均存在两个或两个以上部门的质量监管。在这种交叉重叠的多头管理之下，不仅造成了监管者为维护部门利益而相互推诿监管责任，还无法获得分产品类型监管所形成专业能力的规模效应，是一种成本收益并不经济的监管模式。

3. 政府单一治理下的激励缺失

政府必须依据所获得的信息来制定决策，而信息收集的过程中存在两个主要问题——缺乏激励和传递偏差（Ostrom，1993）。在当前以政府为主导的单一产品质量治理制度中，政府作为治理供给的最终决策者，由于利益相关主体缺乏向其提供决策所必需产品质量信息的激励，因而使得制度的运行无法取得制度设计者最初所想要达到的效果。政府决策者既可以从政府自身的体系获得产品质量信息，也可以通过消费者提供的信息来获得。

从政府自身来说，一种获得有风险产品质量信息的渠道，就是由负责此项工作的公务员主动地搜集此类信息，并通过政府内部信息传递的渠道提交给决策者。然而，政府天然地不具有获取、收集信息的动机和优势（Hayek，1978），一方面由于缺乏对信息进行加总的工具或制度，即使有强烈的动机的官员也很难对此进行分析；另一方面则是由于信息在政府组织渠道内部的传递而发生扭曲。与一般消费者一样，政府公务员也是一个"理性经济人"（Buchanan，1962），并不会天然代表消费者的利益，而是会优先考虑、选择自身利益最大化的决策和工作方式。在目前我国的政府产品质量监管部门内，对于每一个基层获取、收集产品质量风险信息的普通公务员来说，并不会因为发现了更多的产品质量问题而获得更多的个人利益，因而缺少主动发现产品质量问题的动机。同时，如果政府产品质量监管部门发现更多的产品质量问题并向中央政府报告，那么对于这一监管部门来说，则存在被中央政府认为前期监管不力的风险，因而并没有传递真实产品质量风险的动机。加之多头管理的存在，更使得任意一个政府监管部门降低了传递产品质量信息的意愿，因为每一个部门都倾向于认为其他部门可以发现并报告产品质量风险。

从消费者的角度来说，个人在特定环境下的策略选择，取决于他（她）如何考虑并权衡各种不同策略的收益和成本及它们的可能结果（Radnitzky，1987）。对于任意一个普通的消费者来说，主动地向政府监管部门提供产品质量信息，都会付出相应的直接成本和机会成本，却无法避免其他消费者"搭便车"的问题。因此，除非消费者能够从提供产品质量信息中获得明显高于其所付出成本的收益，否则很难激励消费者主动提供存在风险的产品质量信息。目前，虽然政府为了鼓励公众对食品安全质量违法行为的举报，国家食品药品监督管理局和财政部于2013年1月8日，联合发布了《食品药品违法行为举报奖励办法》（国食药监办〔2013〕13号），按照举报案件货值金额的一定比例奖励举报人，但在除食品之外的产品领域，消费者仍然缺乏提供产品质量信息的有效激励。

因此，在当前我国以政府为主导的单一产品质量治理制度之下，政府由于利益相关主体缺乏有效的制度激励，而始终缺乏产品质量治理所需的有效信息，导致我国的产品质量治理一直处于低效的水平。

（二）单一产品质量治理依据

任何一个产品质量治理主体，不论是政府、市场主体或是社会组织，都需要通过一定的依据来界定治理的对象，并对对象的质量属性进行判定。质量治理的依据有多种表现形式，包括产品标准、市场准入条件、产品质量认证、实验室认可等，而我国的产品质量治理在这些方面均表现出单一的、完全由政府确定治理依据的特征。

1. 产品标准

产品标准是所有企业生产某一产品时，对产品规格、结构、质量和检验方法等所做的技术规定和产品技术准则，是产品生产、选购验收、质量检验、使用维护、贸易结算的技术依据。因此，产品标准是所有产品质量治理行为中最为核心的依据。

按照《中华人民共和国标准化法》的规定，我国现行的标准分为国家标准、行业标准、地方标准和企业标准四类，其中国家标准、行业标准和地方标准作为公共标准，均分为强制性标准和推荐性标准两类，强制性标准通过法律、行政法规等强制性手段加以强制实施，而推荐性标准由企业自愿采用。

（1）国家标准，是对全国的经济、技术发展都具有重大意义，且需要在全国范围内统一的标准，由国务院标准化行政主管部门编制计划，组织全国专业标准化技术委员会或专业标准化技术归口单位草拟，并统一审批、编号和发布。其中，食品、药品、兽药、环保、工程建设等领域的国家标准，分别由国务院食品药品、农业、环保、建设主管部门审批、编号和发布。截至2013年，我国共有国家标准30496项（不含职业卫生、兽药和农业转基因生物安全标准），其中强制性国家标准为4172项，占总数的13.68%；推荐性国家标准26324项，占总数的86.32%。

表3-10　　　　　　　不同管理部门的国家标准分布情况[①]

类别	立项部门	编号部门	批准发布部门	数量（项）
（一般）国家标准	标准委	质检总局、标准委	质检总局、标准委	29277
工程建设	住建部	住建部（50000号以后）、质检总局、标准委	住建部、质检总局	832
环境保护	标准委	质检总局、标准委	环保部、质检总局	198

---

① 国家标准化管理委员会。

续表

类别	立项部门	编号部门	批准发布部门	数量（项）
食品安全	食药总局	食药总局	食药总局	189
职业卫生	卫计委	卫计委	卫计委	—
兽药、农业转基因生物安全	农业部	农业部	农业部	—

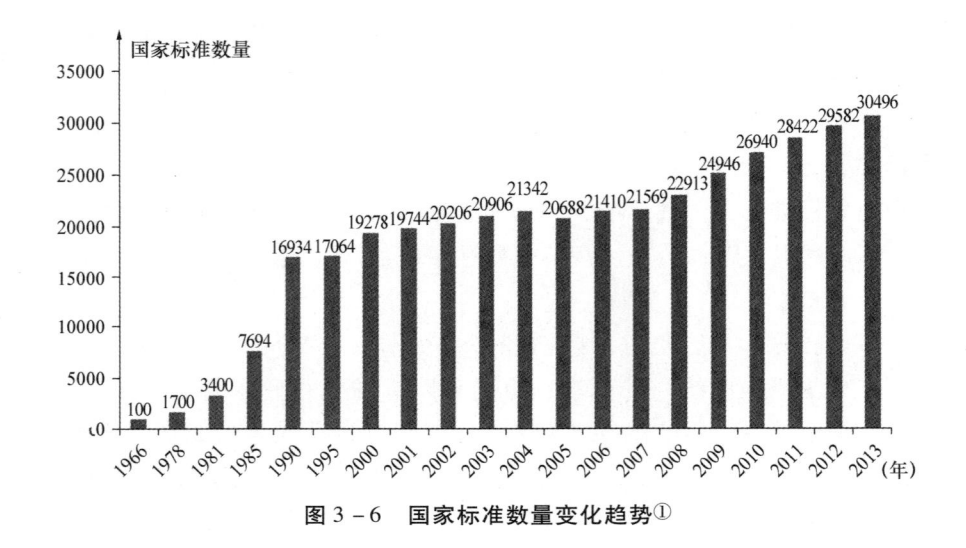

图 3-6 国家标准数量变化趋势①

（国家标准数量，1966: 100, 1978: 1700, 1981: 3400, 1985: 7694, 1990: 16934, 1995: 17064, 2000: 19278, 2001: 19744, 2002: 20206, 2003: 20906, 2004: 21342, 2005: 20688, 2006: 21410, 2007: 21569, 2008: 22913, 2009: 24946, 2010: 26940, 2011: 28422, 2012: 29582, 2013: 30496）

自1959年我国发布第一个国家标准以来，国家标准数量逐年上升。近年来，按照国家标准每五年修订或重新制定的要求，我国年均制修订国家标准两千余项。如图3-6所示，2007年以后，我国国家标准制定的速度明显加快。

（2）行业标准，是对所在领域还没有国家标准，但又需要在全国某个行业范围内进行统一的标准。行业标准由国务院相关行政主管部门编制计划，组织全国专业标准化技术委员会或专业标准化技术归口单位草拟，统一审批、编号、发布，并报国务院标准化行政主管部门备案。

---

① 国家标准化管理委员会。

表 3-11　　　　　备案的行业标准数量与分布情况① 　　　　单位：项

序号	标准代号	行业名称	标准数量	强制性标准数量	推荐性标准数量
1	AQ	安全生产	268	225	43
2	BB	包装	43	1	42
3	CB	船舶	958	358	600
4	CH	测绘	85	2	83
5	CJ	城镇建设	362	12	350
6	CY	新闻出版	70	1	69
7	DA	档案	53	0	53
8	DB	地震	65	0	65
9	DL	电力	1144	12	1132
10	DZ	地质矿产	104	0	104
11	EJ	核工业	263	15	248
12	FZ	纺织	839	2	837
13	GA	公共安全	1573	808	765
14	GH	供销	56	0	56
15	GM	国密	26	0	26
16	GY	广播电影电视	111	2	109
17	HG	化工	2002	153	1849
18	HJ	环境保护	78	1	77
19	HY	海洋	74	3	71
20	JB	机械	7137	132	7005
21	JC	建材	647	27	620
22	JG	建筑工业	336	32	304
23	JR	金融	110	0	110
24	JT	交通	619	19	600
25	JY	教育	74	13	61
26	LB	旅游	14	0	14
27	LD	劳动和劳动安全	128	6	122
28	LS	粮食	180	2	178

---

① 国家标准化管理委员会。

续表

序号	标准代号	行业名称	标准数量	强制性标准数量	推荐性标准数量
29	LY	林业	943	8	935
30	MH	民用航空	397	24	373
31	MT	煤炭	696	136	560
32	MZ	民政	51	9	42
33	NB	能源	421	0	421
34	NY	农业	620	180	440
35	QB	轻工	1721	90	1631
36	QC	汽车	306	0	306
37	QX	气象	190	4	186
38	SB	国内贸易	814	4	810
39	SC	水产	191	17	174
40	SH	石油化工	393	5	388
41	SJ	电子	423	19	404
42	SL	水利	506	453	53
43	SN	出入境检验检疫	3382	6	3376
44	SW	税务	1	1	0
45	SY	石油天然气	1474	102	1372
46	TB	铁路运输	1219	1	1218
47	TD	土地管理	24	0	24
48	TY	体育	6	0	6
49	WB	物资管理	44	0	44
50	WH	文化	43	0	43
51	WJ	兵工民品	66	28	38
52	WM	外经贸	7	1	6
53	WS	卫生	402	177	225
54	WW	文物保护	47	0	47
55	XB	稀土	55	1	54
56	YB	黑色冶金	420	4	416
57	YC	烟草	474	8	466
58	YD	通信	1667	1	1666

续表

序号	标准代号	行业名称	标准数量	强制性标准数量	推荐性标准数量
59	YS	有色金属	1165	2	1163
60	YY	医药	730	332	398
61	YZ	邮政	164	0	164
62	HB	航空	—	—	—
63	QJ	航天	—	—	—
64	HS	海关	—	—	—
65	ZY	中医药	—	—	—
66	SF	司法	—	—	—
67	JJ	国家秘密载体传递	—	—	—
68	RB	认证认可	—	—	—
总计			36481	3439	33042

如表3-11所示，我国共有68个行业标准，分别由42个国务院行政主管部门管理。截至2013年，累计备案的行业标准共有36481项，其中强制性行业标准为3439项，推荐性行业标准为33042项。

（3）地方标准，是针对还没有国家标准和行业标准的领域，但又确实需要在省、自治区、直辖市范围内统一的、涉及工业产品安全和卫生要求而制定的标准。地方标准由省、自治区、直辖市政府的标准化行政主管部门编制计划，组织起草小组或委托同级有关行政主管部门、省辖市标准化行政主管部门草拟，统一审批、编号、发布，并报国务院标准化行政主管部门和国务院有关行政主管部门备案。

表3-12　　　　已备案的地方标准数量与分布情况[①]　　　　单位：项

序号	省份	标准数量	强制性标准数量	推荐性标准数量
1	北京	1183	229	954
2	天津	976	265	711
3	河北	888	45	843

---

① 国家标准化管理委员会。

续表

序号	省份	标准数量	强制性标准数量	推荐性标准数量
4	山西	300	25	275
5	内蒙古	332	65	267
6	辽宁	1013	150	863
7	吉林	735	71	664
8	黑龙江	658	27	631
9	上海	629	195	434
10	江苏	2322	181	2141
11	浙江	1150	295	855
12	安徽	763	35	728
13	福建	781	117	664
14	江西	576	94	482
15	山东	1925	95	1830
16	河南	681	166	515
17	湖北	853	102	751
18	湖南	702	139	563
19	广东	1023	98	925
20	广西	905	66	839
21	海南	280	38	242
22	重庆	538	184	354
23	四川	1439	194	1245
24	贵州	431	58	373
25	云南	1420	121	1299
26	西藏	88	8	80
27	陕西	396	39	357

续表

序号	省份	标准数量	强制性标准数量	推荐性标准数量
28	甘肃	1760	39	1721
29	青海	961	191	770
30	宁夏	628	40	588
31	新疆	1322	65	1257
总计		27658	3437	24221

如表 3-12 所示，目前我国共有 31 个省、自治区、直辖市制定、发布了地方标准，累计备案的地方标准共有 27658 项，其中强制性标准为 3437 项，推荐性标准为 24221 项。

（4）企业标准，是指如果企业拟生产的产品没有国家标准、行业标准或地方标准的，应当制定企业标准作为组织生产的依据。企业标准须由编制的企业报当地政府标准化行政主管部门和有关行政主管部门备案。对于已有国家标准、行业标准或地方标准的产品领域，国家鼓励企业制定严于已有标准的企业标准，对国家标准、行业标准进行选择或补充，制定工艺、工装、半成品和方法标准，以及生产、经营活动中的管理标准和工作标准，仅在企业内部适用。截至 2013 年，企业标准数量已超过 100 万条。

除地方标准和企业标准之外，国家标准与行业标准的制定，均需要由国务院标准化行政主管部门编制计划，组织全国专业标准化技术委员会（Technical Committee，TC）或专业标准化技术归口单位草拟，也就是说，TC 作为在一定专业领域内，从事标准起草和技术审查等工作的技术组织，在标准的制定过程中扮演着最核心的角色。截至 2013 年，我国已成立的 TC 有 517 个，分技术委员会（SC）704 个，标准化工作组（SWG）8 个，委员超过 4 万名。TC 秘书处的承担单位包括企业、科研机构、检测及认证机构、部委及行业协会、大专院校等多种类型。TC 按照管理模式的不同，分为国家标准化管理委员会直接管理和委托部门、行业协会和集团公司管理这两类。

表 3-13　　TC 按管理模式的分布情况①

管理模式	行业主管部门	数量
直属（114 个）	国家标准化管理委员会	114
委托部门、行业协会和集团公司管理（403 个）	中国机械工业联合会	68
	中国轻工业联合会	45
	中国电器工业协会	38
	中国石油和化学工业协会	20
	工业和信息化部	19
	国家林业局	19
	中国建筑材料联合会	15
	住房和城乡建设部	14
	国家食品药品监督管理总局	13
	农业部	13
	商务部	12
	中国电力企业联合会	10
	民政部	8
	文化部	8
	中国气象局	7
	中国纺织工业协会	6
	中国科学院	6
	交通运输部	5
	人力资源和社会保障部	5
	国家中医药管理局	5
	中国商业联合会	5
	中国船舶工业集团公司	4
	国家新闻出版广电总局	4
	公安部	3
	国家质量监督检验检疫总局	3
	中国钢铁工业协会	3
	中华全国供销合作总社	3

---

① 国家标准化管理委员会。

续表

管理模式	行业主管部门	数量
委托部门、行业协会和集团公司管理（403 个）	国土资源部	2
	教育部	2
	科技部	2
	国家安全生产监督管理总局	2
	国家认证认可监督管理委员会	2
	中国船舶重工集团公司	2
	中国航空工业集团公司	2
	中国民用航空局	2
	财政部	1
	国家测绘局	1
	国家发展和改革委员会	1
	国家能源局	1
	国家国防科技工业局	1
	国家海洋局	1
	国家粮食局	1
	国家旅游局	1
	卫生和计划生育委员会	1
	国家体育总局	1
	国家文物局	1
	国家烟草专卖局	1
	国家邮政局	1
	国务院国有资产监督管理委员会	1
	环境保护部	1
	审计署	1
	水利部	1
	铁路总公司	1
	新华通讯社	1
	中国地震局	1
	中国航天科技集团公司	1
	中国核工业集团公司	1

续表

管理模式	行业主管部门	数量
委托部门、行业协会和集团公司管理（403个）	中国煤炭工业协会	1
	中国人民银行	1
	中国石油天然气集团公司	1
	中国有色金属工业协会	1
总计		517

如表3-13所示，在能够起草国家标准和行业标准的517个TC中，除56%的TC由政府行政部门直接管理之外，虽然有少量行业协会、集团公司的参与，但进一步的分析可以发现，212个TC由11个行业协会管理的占总量的41%，包括中国机械工业联合会、中国轻工业联合会、中国电器工业协会、中国石油和化学工业协会、中国建筑材料联合会、中国电力企业联合会、中国纺织工业协会、中国商业联合会、中国钢铁工业协会、中国煤炭工业协会、中国有色金属工业协会。这些行业协会几乎都是由2000年前后我国工业行业主管行政部门撤销之后的政府机构转制而来，虽然名义上已不再是一个政府行政机构，但本质上这些行业协会并不是真正意义上由行业内企业自主联合、自治而形成的行业协会，而是政府行政部门的延续。同样的，16个TC由9家集团公司管理，占总量的3%，包括中国船舶工业集团公司、中华全国供销合作总社、中国船舶重工集团公司、中国航空工业集团公司、铁路总公司、新华通讯社、中国航天科技集团公司、中国核工业集团公司、中国石油天然气集团公司。这些集团公司除新华通讯社之外，全部都是国资委下属、在全国某一领域占有绝对垄断地位的国有企业，处于严格的政府控制之下。看似国家标准、行业标准和地方标准是覆盖了宏观与中观质量治理的三类不同标准，但按照法律法规的规定，这三类标准是相互补充、不得重叠的关系，即没有国家标准的产品可由行业管理部门制定行业标准，一旦出台国家标准，则行业标准同时废止；没有国家标准和行业标准的产品可以制定地方标准，一旦出台国家标准或行业标准，则地方标准同时废止。因此，从以上分析可以得知，我国除企业标准之外的公共标准，可以说本质上是完全由政府主导起草、制定和发布的政府标准，也是政府用于产品质量治理的唯一依据。

2. 市场准入行政审批

基于前置审批的事前监管模式，在国外发达国家和地区很少出现，以美国为例，即使是食品和汽车这类与消费者安全健康极为相关的产品，政府对企业进入市场的生产权力也是充分给予自由的，食品生产企业仅需在美国 FDA 注册备案，而汽车生产厂商仅需自我验证①（self verification）即可。然而在我国，政府对于列入规制目录的工业产品，实行严格的市场准入行政审批制度。在 2005 年修订的《工业产品生产许可证管理条例》中明确规定：

"国家对实行工业产品生产许可证制度的工业产品，统一目录，统一审查要求，统一证书标志，统一监督管理"，企业若要取得生产许可证应当符合的条件包括：

（a）有营业执照；

（b）有与所生产产品相适应的专业技术人员；

（c）有与所生产产品相适应的生产条件和检验检疫手段；

（d）有与所生产产品相适应的技术文件和工艺文件；

（e）有健全有效的质量管理制度和责任制度；

（f）产品符合有关国家标准、行业标准以及保障人体健康和人身、财产安全的要求；

（g）符合国家产业政策的规定，不存在国家明令淘汰和禁止投资建设的落后工艺、高耗能、污染环境、浪费资源的情况。

在生产许可证申请条件中，需由国家或省级政府产品质量监管部门，对企业的生产标准、生产能力、质量控制能力和人力资源状况进行审核，并定期（5 年）进行复核以确定企业能继续生产经营的时间，而对于食品类的生产企业，则需要符合更多、更严格的审核条件。对于未达到生产许可证核发条件的企业，政府将不予准许或取消企业生产产品的资格。也就是说，企业必须达到政府所认可的生产条件，方能进入相应的产品领域进行生产，本质上仍然是由政府确定了产品质量的标准和治理的依据。

---

① 自我验证指的是，生产企业自行进行产品对标准特别是国家强制性标准的符合性验证，并保留相关文档备查。

3. 产品质量认证

根据《实施强制性产品认证的产品目录》，包括家用电器、汽车、安全玻璃、医疗器械、电线电缆、玩具等产品类型在内的 18 大类、146 种产品，必须经过 3C 强制性认证方能上市销售。按照《认证认可条例》：

> 列入目录的产品，必须经国务院认证认可监督管理部门指定的认证机构进行认证；列入目录产品的认证标志，由国务院认证认可监督管理部门统一规定；未经指定，任何机构不得从事列入目录产品的认证以及与认证有关的检查、检测活动。

在此规定的要求之下，目前我国市场上能够从事 3C 强制性认证的机构，除中国质量认证中心（CQC）这一由国家质检总局直接设立、委托国家认监委管理，同时也是中国最大的认证机构之外，还有：

- 北京国建联信认证中心有限公司
- 方圆标志认证集团
- 中国安全技术防范认证中心
- 中国农机产品质量认证中心
- 北京中轻联认证中心
- 中国建材检验认证集团股份有限公司
- 中国信息安全认证中心
- 北京中化联合认证有限公司
- 公安部消防产品合格评定中心
- 广东质检中诚认证有限公司
- 广州威凯认证检测有限公司
- 中汽认证中心
- 北京鉴衡认证中心有限公司
- 北京赛西认证有限责任公司

除了以上这 14 家由国家认监委指定的承担 3C 产品认证的认证机构之外，还有 152 家检测实验室具备承担相关检测项目的资格。

在这一强制性产品质量认证制度的安排下，企业所生产的目录内产品，必须经过政府所指定机构的认证，特别是由政府部门直接举办机构的认证才能获得上市销售的资格，更加强化了政府依据自身所制定的产品标准来对产品质量进行治理的制度。事实上，实证研究的结果证明，通过了政府3C认证的企业产品合格率仅为73%，而非强制性认证企业产品的合格率达到了80.4%（周燕，2010），显著高于前者，表明政府对产品强制性认证的这一治理手段，并不能有效提升产品的质量水平。

4. 政府单一标准下的治理困境

从以上对我国政府产品质量治理依据的分析可以看到，我国政府通过对产品标准的控制，形成了对所有产品质量治理依据的事实控制，不论是市场准入还是产品质量认证，都是通过标准的控制而实现的。同时，政府控制了制定标准、行政审批和强制性质量认证的机构，更加强化了产品质量治理对政府标准的依赖。

在这样的一种产品标准制度之下，政府无法通过治理来激励企业生产高质量产品的内在动力。从客观上来说，标准是对产品质量从固有性能、通用角度的表达，任何一个企业只要开始生产产品，就必然会采用某一项标准，如此才能取得规模经济和产出质量间的平衡。如果在一个没有任何规制的自由竞争市场，对于绝大多数普通的企业而言，达到均衡的市场价格决定了企业所生产产品售价的上限，进而也决定了单件产品平均生产成本（经济利润为零或为正时成本）的上限，企业将在成本的约束之下选择合适的生产标准。如果企业对产品的售价有更高的期望，那么将拥有更大的成本提升空间，因而也将选择成本更高、质量更好的标准，也就是说，自由竞争市场可以通过价格机制来"自动"调节标准的高低，进而也就调节了不同质量水平产品的产出。在这样的一种制度环境之下，假定信息是对称的，企业将产生生产高质量产品的强大动力，因为高质量的产品能够销售更高的价格，为企业获得更高的经济利润，而生产低质量产品的企业最终将被淘汰出市场。

在我国政府通过产品标准体系进行规制的环境之下，政府作为市场准入的把关者，必须制定一个大多数有生产意愿的企业均能达到的准入标准，因为如果准入标准太高，那么既容易因价格太高造成需求不足，又进而会导致收入下降影响到政府自身的利益，所以政府必然会选择一个能够达到这一平衡的较低准入标准。政府同时还是产品标准的制定者，这时有两种选择——制定高于市场准入标准的产品标准，或是等于市场准入标准的产品标准,并不存在第三种选择——低于市场准入标准,因为执行这一标准的企业是不会被准许进入市场的。如果政府制定高于市场准入标准的产品标准,那么所有企业也应当至少达到这一标准,这就产生了一个市场准入标准与产品标准间的"空档",既然所有企业都应达到这一唯一的产品标准,则较低的市场准入标准就失去了存在的意义。因此,政府倾向制定与市场准入标准一致的产品标准,也就是一个全社会大多数有生产意愿的企业均能达到的较低标准。同时,我国绝大部分产品的市场准入者和产品标准制定者,在政府行政机构中隶属同一个政府部门[①],从制度设计上就能直观地看出,政府标准并不具有区分产品质量的实质性意义。

　　制定政府标准的本意,是通过设定社会可接受的质量标准底线,作为履行质量监管职能的手段与依据。在市场上只存在政府标准的情况下,(1)对于政府来说,自身利益最大化的选择是,在不会被证明存在安全、健康、卫生、环保等风险的情况下,制定一个尽量低的质量标准底线,使更多的生产者能够进入市场以获得更多的税收收入,并容纳更多的劳动力就业。如果新的科学技术能够证明现行的政府标准存在较大的安全隐患,那么政府将标准提升至刚好能够解决这一隐患的水平。(2)对于生产商来说,自身利益最大化的选择是,完全按照政府标准生产产品,再通过广告将产品最大限度地销售出去。(3)对于消费者来说,自身利益最大化的选择是,尽可能多地收集质量信息,在达到政府质量标准的产品中选择看上去性价比更高的产品。在这样一个博弈当中,所有主体利益最大化的选择,其结果都是只能供给和消费刚刚符合政府标准,也就是最低质量标准的产品,生产商没有提升产品质量的内生动力,消费者也就无法受益。

　　虽然在我国现有的产品标准体系框架下,企业也可以自行制定企业标准,但是在普遍存在信息不对称的情况下,中国市场上的企业无法通过企业标准来有效传递差异化的质量信号。一方面,如果制定企业标准是由于

---

① 我国大部分工业产品的市场准入者,是"工业产品生产许可证"的核发机构——国家质检总局及其各省的省级分支机构;大部分工业产品的产品标准制定者,是国家标准化管理委员会,是一个由国家质检总局直接管理的副部级行政机构,其负责人同时兼任国家质检总局的副局长。除此之外,还有一些部委拥有制定某些行业产品标准的权力,同时也拥有本行业的市场准入审批权。

没有国家标准、行业标准或地方标准等相关政府标准，那么对于该产品的买方而言，并不知道这一产品的最低质量标准是多少，自然也就无从知晓该企业的产品是高于、等于还是低于最低质量标准；另一方面，如果制定企业标准是为了创新政府制定的质量标准，那么企业一定要用有形的方法让消费者了解标准中所包含的质量意义。但是，目前企业标准的标识规则是非常复杂的[①]，无法让消费者从中轻松知晓企业是因为何种原因自主制定标准，即使是消费者能轻易判断肯定存在政府标准的传统型产品，消费者也无法知晓企业标准究竟是在质量、制造方法还是管理方法上高于政府标准。所以，企业只好采用广告、体验营销等方法向消费者传递产品质量的信息，导致企业没有动力去努力生产高于政府标准的产品，而是将资源投入到区分产品的独特性中。因此，在现有的标准制度中，没有任何一个主体有动力主动提升产品的质量，消费者作为产品的最终使用者也无法从中受益，无法实现整体利益的最大化。

（三）以政府为主导的单一产品质量信息供给

1. 政府产品质量信息的形态

目前在我国，政府作为占主导地位的产品质量治理主体，在权威性产品质量信息的供给上，也是最主要的信息提供者。根据现行的法律法规，目前政府最主要的产品质量信息提供形态，就是依据政府监督抽查制度所产生的产品质量信息，监督抽查信息传播的渠道则是指定的官方媒体。

表3-14 近年来监督抽查种类及批次变化趋势

指标	2008年	2009年	2010年	2011年	2012年	2013年
国家监督抽查产品种类（种）	237	149	132	156	149	139
国家监督抽查产品批次（批）	23423	21382	16357	20965	20355	17020

如表3-14所示，自2008年以来，国家监督抽查的产品种类和批次都在逐年减少，2013年，共抽查了139种产品的17020批次的产品。如

---

① 根据《企业标准化管理办法》和《企业标准编号方法》（QG/ZJB 002-2006）的规定，在企业标准编号的6个字段中，仅其中一个字段的技术标准代号下就有17种不同技术标准类别的编号代码。

果将这一数字与每年全国所有产品的种类数量,以及所有工业产品生产批次的数量进行对比,那么很容易发现政府的监督抽查数量是极小的,不足所有产品数量的 0.1%,由此而产生的产品质量信息数量,也完全无法满足所有产品潜在消费者的需求。也就是说,对于全国 99% 以上产品的潜在消费者来说,他们无法获得政府所提供的权威产品质量信息。

图 3-7 《经济日报》上 2010 年第四季度国家监督抽查公告

第三章　政府单一监管下中国产品质量治理的现状分析

《经济日报》作为由国务院主办的中央直属党报，一直以来都是国家监督抽查结果的定点发布单位。在 2010 年及之前，每一季度的国家监督抽查结果，都在《经济日报》的"质量看台"专版刊登。

如图 3-7 所示，2010 年第四季度政府针对玩具等 4 类产品的国家监督抽查结果，刊登于 2010 年 10 月 13 日发行的《经济日报》第 16 版，也是这一期报纸的最后一版。报纸上对国家监督抽查中所涉及的标准、技术指标和不合格品牌，都做了较为详细的披露。但是，自 2011 年开始，《经济日报》不再专设"质量看台"版面，国家监督抽查结果也不再以这样文字与数据相结合的方式进行刊登，而是以如图 3-8 的互联网软文报道的方式，在"中国经济网"进行公布。

图 3-8　2015 年第一季度国家监督抽查结果在"中国经济网"的报道

如图 3-8 所示，2015 年第一季度国家监督抽查结果在"中国经济网"发布的当天，置于首页上"产业市场"一级栏目下、"消费品质量安全"二级栏目下的"权威发布"三级栏目中。如果一个消费者在当天没有很及时地在网站上看到这一消息，那么他将很难有机会接触到报道中所包含的产品质量信息内容。

然而,即使消费者及时地看到了这篇报道,从中获得的产品质量信息是否能够满足其需求呢?

中国经济网北京3月16日讯(记者佟明彪)近日,国家质检总局通报了2015年第1季度童车等9种产品质量国家监督抽查情况,本次共抽查655家企业生产的662批次产品,合格率为93.8%,其中微波炉的不合格产品检出率为0;电烤箱、针织内衣、纸尿裤、卫生巾(含卫生护垫)、磷铵(磷酸一铵和磷酸二铵)5种产品的不合格产品检出率低于5%;童车和吸油烟机2种产品的不合格产品检出率介于5%至10%之间;旅游鞋的不合格产品检出率高于10%。

中国经济网记者了解到,这9类产品的具体抽查结果为,童车合格率93%,共发现9批次产品不合格,涉及锐利边缘、把横管、车把部件的强度项目、防撞间距和静态强度项目等。

旅游鞋合格率88.9%,12批次中小型企业的产品不合格,主要是有9批次产品成鞋耐折性能不合格,3批次产品外底耐磨性能不合格。另外,福建省的瑞鑫体育用品有限公司在旅游鞋抽查中拒检。

针织内衣合格率95.8%,5批次产品存在质量问题,其中有4批次产品纤维成分含量不达标,1批次产品耐洗色牢度不合格,1批次产品耐碱汗渍色牢度不合格,1批次产品耐水色牢度不合格,未出现可分解致癌芳香胺染料或甲醛含量不合格的情况。

纸尿裤合格率95%,共发现3批次婴儿纸尿裤产品不合格,其中2批次产品回渗量不合格,1批次产品滑渗量不合格。

卫生巾(含卫生护垫)合格率95%,抽查的20家大中型企业产品质量均合格,抽查的40家小型企业的产品中,3家企业的卫生巾产品质量不合格,不合格项目均为渗入量。

吸油烟机合格率91.7%,发现5批次产品存在质量问题,其中有2批次产品吸油烟机噪声限值不合格,1批次产品空气性能(风量)不合格,2批次产品能效等级(全压效率)不合格,1批次产品能效等级(待机功率)不合格,1批次产品能效等级(关机功率）不合格。

电烤箱合格率96%，发现2批次产品不合格，其中有1批次产品输入功率和电流不合格，1批次产品发热不合格，1批次产品接地措施不合格。

微波炉共抽查了4个省（市）9家企业生产的16批次产品，所抽查产品全部合格。

磷铵（磷酸一铵和磷酸二铵）合格率96.7%，抽查发现2批次产品不合格，其中，2批次产品总氮项目不合格，1批次产品总养分项目不合格。本次抽查未发现包装标识不合格的情况，较往年抽查情况有所改善。本次抽查组织对上次抽查不合格的2家企业进行了跟踪抽查，其中1家企业抽查合格，1家企业抽查仍不合格。

中国经济网记者获悉，国家质检总局将对本次抽查中产品质量不合格的生产企业，特别是拒绝监督抽查的企业依法严肃处理，对抽查中发现产品质量不符合国家强制标准的，应依法责令企业停止生产销售不合格产品，按照有关规定监督销毁或者作必要的技术处理。针对本次抽查中反映出的突出质量问题，要加大对生产企业的后续跟踪监督检查力度。同时将本次抽查不合格产品情况通报地方政府及相关部门，采取有力措施，督促企业依法落实产品质量安全主体责任，引导企业严格按照标准组织生产，切实维护产品质量安全。

上文所引用的，是一则典型的国家监督抽查结果发布信息。在这则信息当中，虽然对国家监督抽查的结果进行了按时的披露，但是由于信息本身所存在的一些结构性缺陷，导致信息接收者——消费者无法从中获得有用的信息。首先，国家监督抽查是一个由政府揭示产品质量缺陷的行为，因而其信息内容的主要部分，由未达到国家、行业标准的产品质量信息为主是合情合理的。但是，仅从这9种产品的合格率几乎都超过了90%这一现象就可以看出，绝大部分产品的质量都超过了政府标准，所以消费者也面临着从绝大部分合格产品中进行选择的问题，而国家监督抽查信息是无法反映合格产品间的区别与差异化特性的。

其次，国家监督抽查信息在对每一种产品的不合格状态进行描述时，虽然简要介绍了测试中不合格项目的名称，但是并没有说明被抽查到不合格的这一批次的产品,究竟是哪一个品牌、哪一个型号的产品,也没有说明究竟是这一产品中哪一个批次是不合格的。虽然政府在检出不合格之后可以责令企业销毁、召回不合格批次的所有产品,但这并不能代表这一品牌产品在其他批次的产品中不存在任何的产品质量风险。因此,这一含糊的表述保护了生产企业的利益,但对于消费者的购买行为来说却没有任何指导性意义。

最后,在国家监督抽查的信息中,"磷铵(磷酸一铵和磷酸二铵)"这一工业中间品物质的质量,对于消费者来说并没有实质性的意义,只有关于最终消费品的产品质量信息才是消费者关注的重点。然而,基于政府对国家监督抽查执行单位的职能设定,对工业产品的监督抽查信息反复出现在类似的质量信息中,但却并未对消费者产生实际的信息传播作用。

以上的分析可以看出,现有的由政府发布的产品质量信息,从发布的数量上来说并没有出现增加的趋势;从发布的渠道来说,采用了完全电子化、网络化的发布方式,虽然从形态上来说更加有利于信息的传播,但也更容易被信息受众所错过;从所发布信息的质量来说,目前政府发布的产品质量信息,更多的只是一个执行这一政府职能机构的工作报告,还尚未成为一类对信息受众真正有价值的产品质量信息。

2. 政府产品质量信息的传播效果

根据武汉大学"中国宏观质量观测"课题组 2013 年、2014 年对政府产品质量公共服务的调查,在公共服务的 6 个二级指标中,消费者对"政府提供产品质量信息"这一指标的评价下降幅度最大,达到 1.93 分。

表 3-15　　　　政府产品质量信息提供的各项年度比较

排序	问卷选项	2014 年	2013 年	差值
1	对政府所发布质量信息的信任程度	58.74	59.74	-1.00
2	政府所发布质量信息对您消费的指导作用	57.50	60.10	-2.60
3	获得政府发布的质量参考信息的方便性	56.75	58.24	-1.49
4	政府对质量信息的公开性	56.71	57.71	-1.00
5	政府发布质量信息的及时性	56.67	60.24	-3.57

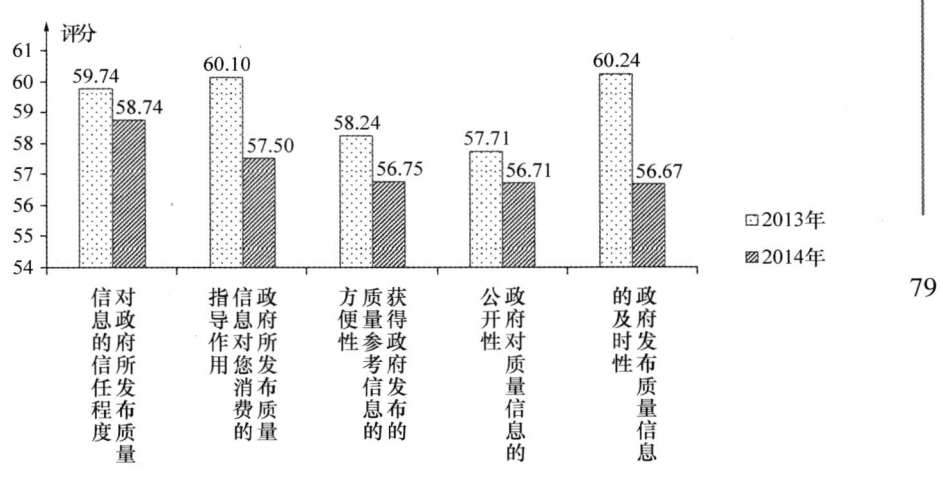

图 3-9 质量信息提供的各项年度比较

如图 3-9 所示,对政府产品质量信息提供调查的进一步分析可以看到,消费者"对政府发布质量信息的及时性"的评分最低、下降幅度最显著,达到 3.57 分,其下降幅度在质量公共服务的 20 项中也是最大的。同时,消费者对于"政府所发布质量信息对您消费的指导作用"评价的下降幅度也非常显著,达到了 2.60 分。这一现象表明,政府主体所发布的产品质量信息并未获得消费者的认可,特别是在信息发布的及时性和指导作用上,消费者感到最不满意。

3. 其他类型的产品质量信息

除了政府主体之外,目前我国市场上还存在由其他一些主体所提供的产品质量信息。质量信息产量最多的主体之一是产品的生产商,为了将产品销售给消费者,生产商会尽可能多地披露产品的质量信息以区别其他相似的产品。但是,由于生产商可能会有意或无意地隐藏对销售不利的质量信息,而重点传播证明质量好的信息,因而信息的可信度很低;另一个质量信息产量丰富的主体是互联网及电子商务产品交易平台,仅"淘宝"这一个电子商务平台,就提供了几乎所有消费品的质量信息,特别是消费者体验之后的质量信息。但是,由于互联网的匿名特征和"水军"①的存在,以及总体信息数量过于庞大所造成的搜寻困

---

① "水军"指的是受雇于网络公关公司,为他人发帖(消息)回帖(消息)造势的网络人员,并以此来获取报酬。

难,导致互联网及电子商务交易平台的权威性并不是很高。媒体追逐事件的本质,决定了其所报道的质量信息以质量安全事件为主,而这类信息只是所有质量信息中很小的一部分,加之中国媒体普遍受到政府干预的因素,使得媒体报道的质量信息权威性不高、数量也很少。因此,虽然目前政府所发布的产品质量信息还存在一些缺陷,但从其信息权威性的角度来看,政府与以上三类主体相比仍有可取之处,82.65%的消费者相信政府发布的质量信息,84.66%的消费者认为政府发布的质量信息有作用。[①]

4. 政府单一治理下的产品质量信息匮乏

在当前以政府为主导的产品质量信息供给现状下,政府不论是从信息的产出能力还是传播能力来说,都无法有效满足产品质量治理对质量信息的需求。每一个政府质量监管部门内的公务员,都是通过从事行政管理这份工作而获得收入的普通人,因而他们的工作量与工作能力只会与其所获得的收入水平相称而不是更高,否则这部分人群将流动到劳动力市场上收入更高的地方。在现行的公务员收入体制下,工作量与收入并没有很强的相关关系,从好的一面可以推论的是,绝大部分行政官僚的行为倾向利用既定的工作时间生产一定数量的质量信息。从委托代理关系的角度来分析,政府行政机构是一类典型的缺乏明确产权约束和行为激励的主体,那么行政官僚可能普遍存在懈怠的可能性,而并不是穷尽自己所有的时间和精力为消费者生产数量可观、所有可能被需要的质量信息。不仅如此,大量质量信息产出的背后,不仅需要有始终相匹配的知识、技术来应对产品的技术复杂性与快速变化,还需要有强大的财政能力来实现符合统计学规则的抽样与检测,而这一成本远远超过了政府所能负担的范畴。因而可以说,政府质量监管者既缺乏相应的动力,也缺少足够的能力来生产合宜数量的质量信息。

政府生产的质量信息,不论其数量的多少,只有这些信息传播到消费者处才能产出预期的作用。与政府生产质量信息的动机相类似,由于并不存在相应的激励机制,政府工作人员在完成产品质量信息的生产过程之后,并不能从信息的传播当中获益,因而质量信息的发布就沦为一项纯粹的行政工作,而到底有多少消费者接收到了这些信息则并不是他

---

① 武汉大学质量发展战略研究院:《2012 中国宏观质量发展观测报告》,中国质检出版社 2013 年版。

们所关心的问题，同时也缺少考察质量信息传播效率的反馈机制。政府自身并不完全拥有高效的信息传播平台和渠道，使其广泛传播质量信息的能力受到一定限制。一般来说，政府生产的产品质量信息都发布于机构自身的官方网站上，这些网站平日很少被消费者所专门关注，作为一次信息而言其传播效率是很低的。国内各种类型的媒体中，除网络媒体之外，电视、报纸、广播等主流新闻传播媒体，绝大部分都是国有或混合所有制企业，加之我国政府对媒体的潜在影响力，政府监管机构若想在媒体上广泛传播所生产的质量信息，是有条件实现的，因为质量信息本身就是广受关注、媒体非常需要的新闻素材。但这一实现的条件，又回到了政府广泛传播质量信息的动力问题上，如果一个政府机构并没有强烈的愿望去传播其生产的质量信息，那么仅在自有的网站上发布信息就是其最佳的选择，因为广泛联系媒体提供、推送信息只会增加其工作量，而并不会带来其他的收益。

三　本章小结

自 1949 年新中国成立之初，我国政府就对产品质量开始了管理，然而在计划经济体制之下，当时的产品质量治理几乎全部是政府对企业直接进行的产品质量管理。1978 年改革开放之后，我国的产品质量治理虽引入了一系列改革，但仍然是一个以政府监管为主导的单一治理现状，并逐渐形成了以市场准入管理、产品标准控制、强制性认证认可、强制性检验检测监督和缺陷产品召回为主要方法与手段的产品质量治理制度。

然而，现有的这一以政府为主导的产品质量治理制度，其运行状态与制度设计的初衷是有很大差距的。从产品质量治理的效果来看，以消费者的视角来进行的效果评价显示，消费者对于目前产品质量的安全性、满意度的评价都徘徊在及格线的水平，并且呈现出逐年下降的趋势，消费者对于政府在产品质量治理公共服务上的评价也同样如此；从产品质量治理的经济效率来看，现有的政府质量监管效率显然是不合算的。

导致目前我国产品质量治理低效的原因，首先是由于单一的治理主体缺乏有效的制度激励。政府作为主导性的产品质量治理主体，自身不仅存在监管职能交叉与重叠的问题，最重要的是由于政府工作人员作为"理性经济人"的存在，缺乏收集、处理和传播产品质量信息的内在制度激励，因而使得政府的产品质量治理无法解决信息传递效率的问题。其次，我国现有的单一产品质量治理依据，使得企业既没有内在的激励生产高质量的产品，消费者也无从选择高质量的产品。这一单一的产品质量治理依据来自目前政府的过度规制，主要表现在产品标准、市场准入行政审批，以及产品质量认证等方面。最后，目前我国以政府为主导的单一产品质量信息供给方式，导致消费者无法获得在数量和内容上都有效的产品质量信息。政府主体是我国当前占主导地位的产品质量信息供给者，其主要的供给形式和载体，是在政府官方网站和各相关媒体公布、转发的政府产品质量监督抽查信息。从对消费者调查的结果来看，政府现有的产品质量信息无法满足消费者的需求，而其他类型的信息由于利益机制的问题，在可信度与信息数量上也难以满足消费者的需求。

第四章 国外比较试验对产品质量治理的实证研究

一 比较试验方法的变迁特征

(一) 比较试验方法缘起消费社会的到来

Baudrillard (1970) 对消费社会的描述, 是一个物质丰盛、暗示与符码控制的社会, 人们"在空洞的、大量的了解符号的基础上, 否定真相"。Brewer (2013) 在此基础上还提出在一个消费社会中, 消费者开始作为经济的参与者, 面对消费现象出现矛盾的心理。比较试验作为一种现象在各国出现的时点, 与各国明显从"生产社会"向"消费社会"转变的时期是高度吻合的, 应当说, 是消费者主权社会的到来催生了比较试验的出现。

1. 短缺向丰裕的转变

作为生产商的企业恐怕在最初并没有想到, 正是企业的生产行为带来了消费社会的觉醒, 最终将自己从生产者主权的地位上取代。随着前两次工业革命、交通运输和机械化大生产的发展, 社会分工不断细化, 人们不再像 17 世纪以前的时期那样自给自足, 而是必须通过消费别人 (企业) 生产的产品才能维持生活。在 19 世纪与 20 世纪之交, 美国与西欧的一个普通工人家庭收入的 80%—90% 用于食物和生活必需品的消费 (Joshi, 2013), 但在标准化、科学技术特别是泰勒的科学管理理论的普及之后, 工业生产的劳动生产率快速提升, 相应的生产成本和价格大幅下降, 繁荣的经济和社会流动快速增加了人们将闲置收入用于消费的意愿，那些原本属于奢侈品、炫耀性消费的产品，也逐渐能够被大多数普通消费者购买。在美国，20 世纪 20 年代被认为是消费主义发展的里程碑（Slater，2013），在这一时期经济空前繁荣的发展，物质相较 19 世纪极大地丰富，消费者俱乐部和研究小组在此时大量出现，州立大学中也开始宣讲消费者的权利，并且开设消费者教育的相关课程，而 CU 正是在这一时期中出现的广义的"消费者俱乐部"之一，并最终成长为美国和全世界最大的比较试验机构。19 世纪的欧洲也曾经繁荣，但在 20 世纪的上半叶连年卷入战争，经济社会处于极不安定的状态之中发展停滞，整个欧洲的物质都处于非常匮乏的状态。20 世纪 30 年代开始的美国亦是如此，"大萧条"的重创将美国从物质的丰富迅速地变为稀缺，虽然美国本土并未像欧洲一样经历战争，但企业生产大规模向军需物资的转移，挤压了面向民用消费品需求的供给，大量生活用品采取限量配给供应，因而直到第二次世界大战结束之时美国仍然是一个物质稀缺的经济体。战争结束加之"婴儿潮"的推动，美国经济在 1947 年率先复苏，欧洲则由于战后重建，西欧国家普遍在 20 世纪 50 年代的后半段开始出现物质丰富的特征，其中一个重要的标志就是电冰箱、洗衣机等家用电器的普及率（Wildt，1996；Haustein，2007），而 20 世纪 50 年代末和 60 年代初，正是西欧国家普遍开始出现比较试验机构的时期。东欧国家在 20 世纪 90 年代苏联解体之后，才建立起市场经济体制，解放了生产力，并在随后逐步学习西欧的经验建立起比较试验机构。在日本也是同样如此，20 世纪 60 年代经济开始进入高速增长、物质比较丰盛的时期，也正是此时开始大量出现比较试验机构和消费者保护组织。

2. 实物消费向符号消费的转变

在一个消费社会中，随着物质的丰富和消费者选择余地的增多，消费者对于产品属性的消费需求开始出现分化。社会分工的细化和收入差距的扩大，造就了越来越多的角色和社会区分的需求，因而产品不仅要能够满足其作为一件产品本身的功能性需求，还包含了越来越多产品所代表的符号性功能。比如购买一台家用洗衣机的功能多半是为了节省洗衣服的人力，而购买一台"西门子"牌顶级配置的洗衣机，所包含的功能则多半是因为这台洗衣机显得家庭"富有""现代"等意义；又如购买一件衣服的功能多半是为了遮羞保暖，而购买一件 Chanel 品牌的衣服则多半是为了衣服所表达的女性"独立""奢华""有品位"的特点。在这样的一个转变进程中，对产品质量仅从固有性能角度进行的简单评价，已经远不能满足消费者的需求，一方面是因为消费者对固有性能的需求本身就存在差异；另一方面是因为消费者对产品延伸的符号性需求存在很大的差异。即使购买一台不含所谓的符号、只是能够洗衣服的洗衣机，可能有的消费者希望其固有的性能是洗净力强，有的希望省水，还有的消费者是希望省电，那么对于含有符号的产品需求来说则就更加复杂了。由于符号本身是一种无形的存在，因而无法用客观性的指标来进行衡量，消费者对其主观的评价则成为主要的评价角度，而在当时并没有一个有效的主观评价方法。加之服务在实物产品的销售中所占的比重越来越大，而服务只能用主观的指标来进行衡量，就更增添了对产品质量进行评价的难度。同时，产品中符号的意义与其高于一般产品的价格是相辅相成的，消费者为了产品所代表的符号需要相应付出额外的成本。但是，所付出更高的成本是否能换来更好的产品质量呢？这在当时又是一个没有现成的方法可用来评价的问题。

因此，由于劳动生产率提高所导致的物质的丰富甚至是过剩，使消费者从企业生产产品被动的接受者，转变为有余地选择产品的真正的消费者。但是，消费者由于需求的分化，在当时已存在的质量评价体系中，尚缺少能够满足这一需求变化的质量评价方式。因此，比较试验机构在这一消费主动权的转变中应运而生，通过机构自行制定的质量评价规则，帮助消费者从丰富的产品中选择符合自身需求的那一款产品，并对产品在价格满足消费者符号需求的同时，是否实现了与价格相称的质量进行评价。

（二）比较试验方法产生于质量信息严重不对称的出现

面对消费社会来临之后繁荣而丰富的产品市场，消费者需要从中选择才有可能找到符合自身需要的产品，而任何选择都需要基于产品对象的信息特别是质量信息才能进行。生产商和消费者之间的质量信息不对称，既表现在有价值的质量信息难以获得，又表现在无价值信息的过多干扰，增加了获取有价值质量信息的成本，这两种现象在以下的四种情形中同时存在，共同导致了比较试验方法的形成。

1. 广告数量的激增

广告本身是一种扩大产品市场销售的行为，20 世纪 20 年代的美国，广告业已经有了相当程度的发展，在居民逐步迁往郊区生活的迁徙中，广告使年轻的家庭主妇们感到不那么孤独，还能快速获得大量关于生活方式和如何走向现代化的信息。但是，在 20 世纪后期，广告经常被指通过不公平地针对人们恐惧的心理来卖产品，而且总是欺骗消费者，那些声称经过了科学测试和医药许可的新产品，可能根本就没有经过科学的验证①，"消费者研究"的创始人就是这其中著名的声讨者。在 20 世纪 50 年代的西欧，同样充斥着铺天盖地的广告，生产商希望通过天花乱坠的广告语向消费者兜售他们的产品。对于一个垄断竞争结构的产品市场来说，广告是企业将产品区别于竞争对手的一个重要信息提供工具，这本无可厚非，但是对于消费者来说，过多、失真的广告信息让他们无从选择合适的产品。因为当消费者在面对过多产品价格、质量、设计等信息时，无法记住所有的信息，也难以从中辨别有价值的信息（Albrecht，1979）。但是，在那样一个没有互联网的时代，广告几乎是消费者获取产品质量信息唯一的来源。如果没有广告信息的存在，那么消费者可能很难了解到一种产品、一个品牌的存在，如果这个品牌产品的性价比很高，那么同样是消费者由于信息不对称而导致的损失。为了向消费者提供广告之外的、基于质量与价格的产品信息，比较试验机构在广告的泛滥之后快速产生，并迅速成为消费者信赖的质量信息来源。在上文中已经提到，不仅是消费者，生产商在后来也主动接受比较试验信息，其中一种广泛采用的行为是，在比较试验机构的测试中获得了高于平均水平测试结果的生产商，都乐意将比较试验机构的标志（Logo）和得分在广告宣传材料中突出显示，有效规避了广告信息过多、难以甄别真伪的弊端。

2. 产品复杂性的快速增加

上文中已经提到，消费社会到来的一个重要特征，就是家用电器这类耐用消费品在家庭中的普及率，数据显示，1960 年美国家庭的冰箱和洗衣机普及率分别达到 98% 和 95%，德国为 41% 和 29%，英国为 24% 和 41%，法国为 27% 和 26%（Haustein，2007）。除此之外，汽车的家庭普及率在美国和西欧也达到了很高的程度。耐用消费品普及率的增长，意味着结构和性能复杂、单位价值量高的产品在家庭总支出中的

---

① 《物有所值》，Your Money's Worth: a study in the waste of the Consumer's Dollar。

比重越来越大，而消费者在此类产品上一个消费决策中所遇到的困难，远比以往购买食品和快速消费品要大。科技的快速进步，使得产品本身的复杂性也越来越强，就拿洗衣机来说，一台微电脑控制的洗衣机比纯粹手动机械控制的洗衣机就要复杂得多。对于复杂性强的产品，不是专家的消费者很难在购买前自主判断产品的实际质量，而只能被动接受生产商和销售员所传递的信息，陷入信息不对称的局面之中。生产商总会告诉消费者更复杂的产品功能更强大、更好用，但是否更复杂的产品质量就更好、更符合消费者的使用需求呢，抑或更复杂的产品仅仅只是价格更贵、利润率更高。一旦购买一件耐用消费品的决策失误，轻则只是受到财产的损失或引致与生产商和经销商的消费纠纷，重则可能因此而威胁到生命安全，因而消费者需要更多、更可靠的信息来辅助决策。不仅如此，零售的商业模式和消费融资工具在这一时期也发生了变化（Kleinschmidt，2010）。曾经主要是面对面的商场销售模式，逐渐让位于大型超市和自助商店，使得消费者在购物时只能依据自己掌握的信息来进行决策。分期付款模式的引入，使消费者在当期的收入条件下，有了更多耐用消费品的消费选择，也就使消费者置身于更多复杂产品的信息之中。所以，产品复杂性的快速增加，也快速增加了消费者所获得的总信息量，更加难以甄别对自己有用的质量信息，而比较试验在这一时期的出现，恰好弥补了消费者的信息不对称。

3. 产品更新速度快速增加

进入20世纪80年代之后，产品的更新速度越来越快，特别是摩尔定律所归纳的电子产品领域，其产品更新速度更是超出想象。消费者可能还没来得及了解清楚一个产品型号的全部功能，这个型号就可能已经不再在市场上销售了，更不用说全面了解一个产品质量信息所需要花费的时间。面对快速更新的产品，消费者同样需要独自面对生产商的游说，但与产品的复杂性相似，更新的产品对于消费者来说可能也只是价格更贵而已。传统的质量信息提供模式很难解决这一问题，但在比较试验的测试方法中，却有效地适应了产品快速更新的障碍。比如在SW的比较试验测试中，已越来越多地遇到产品更新太快的问题，在一个测试计划中所有产品的测试还没有完成，有的被测产品就已经下市了，同时又有新的产品上市却不在被测范围内。SW针对此类产品稍微修改了测试方法，在临时取消已经下市产品的同时启动快速购买程序，将已上市的可比新产品纳入测试范围。这种改变，正是为了应对消费者在面对产品快速更新时所存在的信息不对称困扰，并有效地降低了信息不对称的程度。

4. 多种传播媒介共同存在

除了生产商营销策略和产品本身属性所带来的信息不对称，消费者还必须面对多种传播媒介同时作用所带来的信息困扰。自1954年美国得克萨斯仪器公司研制出第一台彩色电视机，20世纪60年代的消费者同时接收着来自电视、广播、报纸、户外广告等多种媒介的质量信息，特别是彩色电视所传播的信息量，大大超出其他几种形式。20世纪90年代之后的消费者还面临着互联网所带来信息爆炸的困惑，更加增添了由于无效信息过多而产生的信息不对称。比较试验机构利用可获得的一切媒介渠道，来传播比较试验的测试结果，使消费者在各种媒介烦冗的信息中能够获得较为确定的质量信息，有效地降低了信息不对称的程度。

因此，消费者在消费社会到来之时，虽然获得了自主选择更多产品的权利，但同时也置身于越来越严重的质量信息不对称中。比较试验在这个时期产生，正是致力通过提供企业之外专业的质量信息，来降低消费者因产品革新和传播媒介而导致的质量信息不对称。

（三）比较试验方法的建立是对政府质量监管供给不足的补充

比较试验作为一种现象出现，是为了解决消费者在购买行为中的困惑，但作为一种质量治理方法被各方所接受，特别是被政府接受进而对企业施加了有力的影响，则是因为比较试验有效地弥补了政府在质量治理供给中的不足。

1. 比较试验方法的建立与新公共管理运动的时期相吻合

20世纪70年代全球性经济危机爆发，西方各国激增的财政赤字使得福利国家的模式难以为继，表明由于信息的扭曲与不对称、缺乏有效的行动动机，以及对私人部门行为难以预期的原因，政府的干预同样会出现政府失灵（Stiglitz，1985）。在此背景之下诞生的新公共管理理论认为，政府的职责是"掌舵"而不是"划桨"，在明确问题的范围和性质后行使制定政策的职能下，整合全社会的资源和手段来执行政策，而并不一定要作为所有公共服务的直接提供者（Osborne et al., 1992）。

比较试验方法在多个国家成功建立的时间，普遍出现于新公共管理运动兴起的时期。新公共管理运动兴起的原因来自福利国家导致的财政危机，质量监管领域也同样如此，随着消费者运动的发展，消费者对产品质量的要求越来越高，对政府治理监管的要求也越来越高，但政府却无法投入比过去更多或相当的财政预算来满足这一要求。此时，比较试验方法作为一种政府投入很少的治理手段[①]，其测试结果已经被消费者广泛地接受，并开始影响生产商的行为，起到了与政府监管同样的效果，自然就成为了将其认可为整个质量治理体系中一环、而不再专门投入额外的人、财、物进行监管的直接动因。

2. 比较试验方法补充了政府质量监管职能约束的不足

政府作为全社会公共服务的提供者，不论纳税人的纳税额度差距有多大，也只能向所有公民提供均等的公共服务。但是，随着消费者质量需求的分化，消费者对于政府质量监管这一公共服务的需求也在不断分化，而政府的职能并不允许政府向公民提供此类差异化的公共服务。比较试验机构作为非政府组织，并不会受到这一政府职能的约束，相反只要是其章程中允许的保护消费者的行为都是可行的，因而与政府均等性的质量监管公共服务形成了有效的互补关系。

3. 比较试验方法补充了政府质量监管能力的不足

政府不仅在"主观意愿"上无法实现当时消费者所需要的质量监管供给，从监管能力上来说也同样无法有效地满足这一需求。当然，这种能力的不足是在有限政府和有限政府预算的前提下讨论的。任何质量监管的前提，都要基于对产品测试结果的评估，当时这些国家的政府深陷财政赤字的危机之中，没有多余的人力与预算来满足所有消费产品，特别是复杂性快速增加、更新速度越来越快的产品测试。对于消费产品来说，每类产品、每个品牌、每个型号间都存在质量差异，如果政府想自行完成针对所有产品的测试，那么每一个国家的政府都需要建设能够检测所有产品的实验室，不管这个国家是大如美国，还是小如摩纳哥，而这对于摩纳哥政府来说显然是不现实的。对于特别复杂的产品类型，政

---

① 虽然如美国、英国、澳大利亚等国的比较试验机构，政府并没有对其拨款，但作为非营利组织税收的减免，可以看作政府间接性的投入，但这一投入与政府直接举办一个机构相比是很少的。

府不仅要建设相应的实验室，还需要时刻保证实验室的检测能力，以及检测人员的技术能力始终能够完成这样复杂的实验。相似的，对于快速更新的产品来说，政府同样需要保证技术与人力资源的实时更新，即使一类很新的产品过不了多久就被市场所淘汰掉，因为在产品上市的那一刻，生产商一定会用大量广告吸引消费者的购买，而这就存在着质量安全风险需要政府对其进行监管。因此，新公共管理运动所波及的国家，普遍选择了将用于质量监管的产品测试，外包给质量技术机构来进行，以节约实验室建设和人力资本储备所需的成本。比较试验可以说是另一种形式的产品测试外包，在它的测试中，天然含有了对政府强制性标准符合与否的测试，因为如果连这一标准都没有达到，那么最多也只会被评为"不满意"（unsatisfactory），消费者会对其避而不买，自然也就起到了政府发现不安全产品警示消费者的作用。比较试验机构已形成了全球性的合作网络，有能力在全世界范围内选择技术能力与成本最平衡的实验室完成几乎所有产品的测试，并能快速适应产品复杂性和快速更新的变化。特别的，比较试验机构开发了与政府强制性标准不一样的产品测试规则，能够在政府不额外投入任何研发费用的条件下，发现政府强制性标准中存在的漏洞进而进行修订，是对政府质量治理能力非常有利的补充。

因此，各国政府在20世纪七八十年代开始，基于财政约束、政府职能和监管能力约束的综合考虑，逐渐将比较试验作为政府质量监管的一种补充。这一补充的存在，没有额外增加政府的监管成本，却显著地增强了质量治理的效果。

二 比较试验方法的产品质量治理特征

（一）对消费者形成实质性的影响力

比较试验方法对产品质量进行治理的首要特征，就是对消费者形成了实质性的影响力。在已长期运行比较试验方法的国家和地区，都有多个比较试验机构共同存在，每个机构都有不同大小的规模和目标受众，相互间通过比较试验信息的竞争性销售，争夺目标受众的数量和市场份额。不论是大型的、测试多种产品类型的综合性比较试验机构，还是小型的、专注专门类型产品测试的小型比较试验机构,作为一种相同的组织类型在消费者中有很高的知名度和信任感,其发布的比较试验信息能显著影响消费者的购买决策。

消费者对比较试验信息持续的付费购买,是对比较试验方法最直接的肯定。在世界各国,比较试验信息都拥有庞大的消费者购买群体,如CU 的《消费者报告》杂志有 840 多万的付费订阅者,英国"哪一个?"的《哪一个?》杂志有 140 多万的付费订阅者,SW 的《测试》杂志有 80 多万的付费订阅者,等等,并且这些数字在杂志价格持续上涨的情况下仍然每年都在持续地增长。消费者对于比较试验机构的信息是非常信赖的,SW 的调查结果表明其知名度日渐提高,信息信赖度最终达到了接近 100% 这一非常高的程度,其工作被评价为"相当有用"[1]。消费者的信赖还表现在非常乐于参与比较试验机构的信息反馈上,根据 CU 每年对消费者所做的问卷调查数据显示,在 2014 年的调查中,840 多万订阅用户中有超过 100 万人反馈了问卷,这一问卷回收率在如此庞大的调查中是非常罕见的。同时,消费者还乐于传播比较试验信息,SW 的调查显示,每一个订阅用户平均将杂志借给身边 5 个人阅读,那么就意味着仅 SW 一个比较试验机构的信息就被超过人口总数 5% 的德国人所阅读,假设在美国也有类似的传播水平,那么总阅读人数将占到美国总人口数的 13% 以上。每一个家庭中只要有一个人阅读了比较试验信息,那么必然将影响整个家庭的消费行为,更不用说各个国家大量不同规模比较试验机构各自订阅用户数的总和。因此可以说,比较试验在消费者中产生了实质性的影响力,而消费者对此保持着接受、肯定和乐于传播分享的态度。

(二)生产商自觉遵守所制定的规则

在比较试验方法产生的初期,生产商并不认同比较试验机构的测试结果和生成测试结果的方法,一种表象是出现不好的评价时生产商与之对抗;另一种表象就是不论结果好坏生产商都对其置之不理。从世界各国的经历来看,制造商对比较试验的态度,都普遍经历了一个从强烈抵制到接受再到主动响应的过程。在比较试验最初出现的时期,各国的制

---

[1] SW《年度报告》,1974—1978,1999。

造商都曾因对其产品负面的质量信息而强烈抗议,甚至将比较试验机构告上法庭。但是,屡次的败诉和消费者对试验机构迅速产生的支持和信赖,使得制造商不得不接受比较试验机构的存在,并仔细阅读、研究所发布的质量信息。正如文献综述部分所提到的,比较试验信息不仅有助于制造商更加了解本企业的产品,还非常有助于企业了解竞争对手产品的质量水平,对于制造商产品结构调整、市场营销策略的制定都有很好的促进作用。甚至有的制造商主动将经过比较试验机构测试过的样品购买回收,详细研究从比较试验机构的视角中所看到的产品质量缺陷,表明制造商对比较试验表现出接受与认可的态度。因此,当比较试验方法开始产生质量治理的作用之时,生产商不再将不尽如人意的测试结果看作是对产品的诽谤,而是将其看作是促进产品质量提升、了解竞争对手产品质量的机会和信息来源,并主动根据比较试验的测试结果调整企业的产品策略和营销策略,也就是主动参与并遵守比较试验机构制定的规则,而不只是被动地接受或反对。

(三) 与政府监管形成有效的互动

虽然在成立初期政府对比较试验机构的态度在各国间有所不同,如CU一直到1954年才被众议院反美活动调查委员会从其颠覆性组织的名单中移除[1],而有些国家则是直接由政府促成建立比较试验机构,但是到了今天,各国政府对于比较试验都持非常认可、支持的态度。在2010年以前,CU曾被13家制造商起诉,其中不乏铃木汽车、Bose公司这样知名的企业,但CU从没有输掉任何一个官司[2];在德国也是同样如此,SW的50年历史中也曾多次被所测试产品的制造商起诉,但从未因此被判向企业做任何赔偿。正如1976年德国最高法院对判例的司法解释中所述,SW这样的比较试验机构在经济方面具有有利的功能,它促进了市场透明度的提升,这"不仅对于消费者的利益来说至关重要,同时对经济也作出了杰出贡献"[3]。Kleinschmidt(2010)对德国比

---

[1] Wiki 百科, http://en.wikipedia.org/wiki/Consumers_Union, 以及 "Notes on People; Nader Quits Consumers Union", *The New York Times*, 23 Aug 1975. Retrieved 2012-11-15。
[2] Wiki 百科, http://en.wikipedia.org/wiki/Consumers_Union。
[3] 德国商品检验基金会(SW)的宣传材料,《Stiftung Warentest, MAKING A MARKET FOR CONSUMERS》。

较试验方法的研究也表明,20 世纪 60 年代德国最高法院的裁决对消费者保护的强力支持,使得后来大部分生产商在广告营销策略中采用比较试验的测试结果。不仅如此,政府还援引比较试验组织所制定的标准,作为新的政府技术性法规和强制性产品标准。如 CU 自 1956 年开始持续测试汽车安全带质量,直接催生美国政府于 1968 年将安全带质量列入法律规制范畴;CU 在 1973 年至 1976 年间对微波炉辐射风险的持续测试,直接促使政府强制要求制造商改进锁扣和辐射标识[1];欧洲、拉丁美洲政府发起组建的新车安全评估项目(European New Car Assessment Programme,Euro NCAP;Latin NCAP)[2],自 1997 年开始几乎原封不动地引用了 ICRT 的汽车碰撞试验标准。[3] 类似的案例还有很多,世界各国政府对比较试验标准的援引,都能够证明政府对比较试验治理功能的肯定与包容。由此可见,当比较试验机构的测试结果对消费者和生产商都缺少必要的影响力时,政府同样只会将其当作一个提供了另一种质量评价方法的信息源看待,虽然政府保护其自由发布信息的民事权利,并不代表这一机构和信息起到了有效的治理功能。但是,当政府开始依据比较试验机构的测试结果来调整对产业的质量监管,并将比较试验机构制定的质量标准认可为社会普遍应接受的标准,将其开发的测试方法认可为通用的测试方法之时,表明政府已认可比较试验方法对产品质量的治理功能,并将其融入政府的治理当中。

(四) 比较试验机构能够不依赖政府和企业独立运行

对于比较试验方法来说,如果比较试验机构无法通过所提供的服务,从消费者那里获得机构运营和发展所需要的经费,而是需要依靠政府的拨款或是企业的赞助,那么从机制运行的角度来说这显然是失败的,因为它并没有被核心的目标受众所接受,也无法在接受政府或企业资金的同时仍保持利益中立。也就是说,只有比较试验机构能够主要从认同的消费者处获得运营经费,才能真正代表消费者的利益,实现对产品质量的治理功能。从已长期运行比较试验方法的国家和地区的经验来

---

[1] CU 官方网站,http://www.consumerreports.org/cro/about-us/by-laws/index.htm。
[2] Euro NCAP 由 7 个欧洲国家政府发起组建,后吸纳消费者组织、汽车俱乐部加入,成为了一个独立于汽车行业之外的国际组织。
[3] ICRT 官方网站;Euro NCAP 官方网站,http://www.euroncap.com/about.aspx。

看，比较试验机构普遍都能通过为消费者提供有偿的产品质量信息服务而获得机构运行所需的资金，能够做到完全独立于政府与企业之外的第三方产品质量信息提供者。

（五）比较试验方法的经济效率

在经济效率的评价中，本节选择 CU 和 SW 来作为评价的对象。之所以选择两个代表性的比较试验机构而不是一个国家内所有的比较试验机构，主要是基于数据的可获得性。在已建立比较试验方法的国家中，各国比较试验机构的数量不等、形态各异，若想将一个国家的比较试验机构作为一个整体来统计其经济效率，在经济数据的获取上存在相当大的难度。因此，本节将通过对代表性国家的代表性比较试验机构，从质量治理角度来对其经济效率进行定量衡量，进而依据该机构在所在国的市场份额和市场影响力，定性推断比较试验方法的经济效率。根据前文的分析，此处代表性的比较试验机构是 CU 和 SW，它们既代表了不同的经济与法律制度背景，同时也代表了两种不同的政府投入模式，因而本节将对其经济效率分别进行评价，同样采用边际成本与边际收益的计算方法。

比较试验方法的边际成本，包括直接成本和交易成本。直接成本，是比较试验机构运行的成本，即每年（与比较试验直接或间接相关）支出的总额。从信息成本和寻租成本来考察交易成本可以看到，信息成本已经内化于比较试验机构对产品进行测试的信息收集与组织成本当中，而寻租成本主要存在于政府规制，或存在绝对市场垄断势力，以及企业对政府进行游说的地方，而一个国家内比较试验机构间的竞争关系，以及独立于政府和企业之外的状态，使得寻租发生的概率很小，因而在此忽略不计。比较试验机构的运行成本中还有另外一种间接成本，即政府对其直接或间接的转移支付成本。对于 CU 这类没有政府直接拨款的机构，间接成本为政府每年减免税收的金额；对于 SW 这类有政府直接拨款的机构，间接成本为政府每年拨款金额与减免税收金额的总和。

比较试验方法的边际收益，包括直接受益和社会收益。直接收益，是市场对比较试验机构的货币性回报，即每年（与比较试验直接或间接相关）营业收入的总额，这里将扣除政府对比较试验机构的直接拨款金额，以避免重复计算和概念混淆。比较试验方法的社会收益，包含消费者质量安全的收益和质量满意的收益。质量安全的收益，是消费者因为被比较试验机构发现（而政府没有发现）的质量安全隐患，使得企业改进产品质量和政府提升监管要求中所获得的保护，但这一收益很难有效衡量。质量满意的收益，是消费者通过比较试验机构所发布的信息，更快、更准确搜寻到合适的产品，因而采取对消费者节约的信息搜寻成本的估算来间接测度。

基于以上对经济效率评价中各项成本与收益的界定及测算方法的描述，具体的成本与收益计算展开如下：

1. 对 CU 经济效率的评价[①]

（1）边际成本

直接成本 C1：2014 财年 CU 的年度比较试验支出为 229392000 美元。[②]

间接成本 C2：2014 财年政府给予 CU 的免税额为 340000 美元。

C1 + C2 = 229732000 美元。

（2）边际收益

直接收益 B1：2014 财年 CU 的年度比较试验收益为 237280000 美元。

质量满意的收益 B2：

消费者平均花费 1.8 小时的时间来阅读 1 期比较试验杂志[③]，表明阅读这一杂志至少能为消费者每月节省 1.8 小时的信息搜寻时间，否则消费者不会购买杂志。根据美国劳工部的数据，2013 年美国的劳动生产率每小时为 62.2 美元[④]，那么对于每一个 CU 的会员来说，每月所节

[①] 官方网站上公布的 2014 财年 CU 经审计之后的财务报表，每个财年的截止日期为次年的 5 月 31 日。

[②] 此处对于 CU 2014 财年比较试验支出的计算方法为经营费用中的"出版、促销与营销费用"（208222000 美元），加上管理费用中用于比较试验的部分。用于比较试验的管理费计算方法为，管理费用（24368000 美元）减去遣散费用（severance benefits，3198000 美元）之后，按照比较试验支出和"消费者保护和教育"支出（16417000 美元）的比例进行分配的部分。虽然主要的折旧和摊销都发生在比较试验上，但由于消费者保护与教育支出相对很小，因而这里不分开计算。

[③] 根据 SW 的调查，消费者平均在 3.6 天以内花费 1.8 小时的时间阅读比较试验杂志。由于缺少 CU 对这一时间的调查数据，在这里用 SW 的调查结果来替代。

[④] 数据来源：美国劳工部网站，http://data.bls.gov/cgi-bin/surveymost；http://www.bls.gov/news.release/prod2.t01.htm。

约的信息搜寻成本为 112 美元。2014 年，CU 的会员数为 840 万人，即使忽略《消费者报告》杂志在非会员中传阅所带来的收益，质量满意的收益 B2 为 112.9 亿美元。

B1 + B2 = 11526880000 美元。

2. 对 SW 经济效率的评价

（1）边际成本

直接成本 C1：2013 财年①SW 的年度比较试验支出为 50333000 欧元。

间接成本 C2：2013 财年 SW 所获得的政府拨款金额为 6627000 欧元。

C1 + C2 = 56960000 欧元。

（2）边际收益

直接收益 B1：2013 财年 SW 的年度比较试验收益为 40470000 欧元。

质量满意的收益 B2：

同样的，消费者平均花费 1.8 小时的时间来阅读 1 期比较试验杂志，根据根据美国劳工部的数据，2013 年德国的劳动生产率每小时为 56.37 美元，那么对于每一个 SW 的会员来说，每月所节约的信息搜寻成本为 101.5 美元，合 73.5 欧元。2013 年，SW 的《测试》杂志的购买人数为 45.5 万人，即使忽略杂志在非会员中传阅所带来的收益，质量满意的收益 B2 为 40131 万欧元。

B1 + B2 = 441780000 欧元。

从以上对 CU 和 SW 经济效率的测算可以看出，比较试验机构成本与收益不论是机构自身，还是考虑其对直接消费者的间接收益，都是非常合算的，边际收益都远高于边际成本。但是，在以上的计算中并没有计入比较试验方法对社会所产生的非使用者收益，如果再计入一国内众多其他比较试验机构的共同作用，那么比较试验方法能够为消费者创造更大的社会收益。从投入的成本角度来看，比较试验机构的成本绝大部分是由使用其产出的消费者所支付的，政府对其投入（也就是间接成本）与之相比比例很小，这就实现了给予财政平衡的公平性原则，也使

---

① 官方网站上公布的 2013 财年 SW 经审计之后的财务报表，每个财年的截止日期为当年的 12 月 31 日。由于 2014 年度的报表尚未公布，因而此处使用 2013 年的数据。

政府用很小的成本实现了放大的社会效益。

三 比较试验方法的产品质量治理机制分析

（一）包容多主体利益的共同治理机制

与我国政府对产品质量单一治理模式所不同的是，比较试验方法采用了共同治理的模式来实施治理，这一共同治理既表现在单个比较试验机构内部，同时也表现于多个比较试验机构之间。

1. 比较试验机构的共同治理机制

在比较试验机构的内部，为了实现对消费者利益的体现与保护，机制设计者普遍建构了一个能够包容多方利益主体博弈的机制，在机构内部实现了多个主体的共同治理，以下将以 SW 为案例进行阐述。[1]

在 SW 的治理结构中，整个机构的决策主体由"三会"构成，包括理事会（the Board）、监事会（the Supervisory Board）和咨询委员会（the Advisory Council）。理事会代表 SW 处理法律相关事务及日常经营事务，最多由 3 人组成，人数和人选由监事会和 SW 的创立者——德国联邦经济部共同决定。监事会代表 SW 对理事会的行为进行监督，由 7 名成员组成，都必须是在一些与 SW 相关的重要领域拥有特殊知识和经验的专家，人选由德国联邦经济部任命，监事会决议的产生必须由三分之二以上监事同意方可通过。咨询委员会在所有重大的事项上对理事会和监事会提供咨询意见，由 18 名成员组成，人选由德国联邦经济部任命。咨询委员会有义务、有权向理事会提交调查项目（指的是比较试验测试的对象）的提议。咨询委员会还要能确保不论是在测试的提出、执行、陈述、解释还是发布的任何一个阶段，SW 都能体现最高标准的客观性和透明度。特别是在测试项目的选择与标准制定上，咨询委员会拥有通过与否决的权力。从治理结构来看，SW 通过设计一种理事会、监事会和咨询委员会相互能够制衡的机构，来包容了政府、专家和比较试验机构自身的共同治理。

在咨询委员会中，18 名成员并不是随意地组成，而是在机构章程

---

[1] Stiftung Warentest Statutes，2011.

（statutes）中做了明确的规定：三分之一，也就是 6 名咨询委员会成员必须是独立的专家，特别要保证避免的是专家与产业所存在的潜在利益关系。6 人中至少要有三人以上具有一定的学术资质，或是在某一专业领域具有特殊的经验。另外三分之二，也就是余下的 12 名咨询委员会成员，需要从消费者组织和供应商、制造商组织中选择，其构成在机构章程中做了更加详细的规定：

（a）来自于消费者组织的 6 名咨询委员会成员。

（aa）5 名成员由德国消费者组织联合会（Verbraucherzentrale Bundesverband e. V.）提名，其中的 3 名来自于公民咨询局（citizens' advice bureaux）；

（bb）1 名成员由德国贸易工会联合会（Deutscher Gewerkschaftsbund）提名。

（b）来自于供应商、制造商组织的 6 名咨询委员会成员。

（aa）2 名成员由德国工业联合会（Bundesverband der Deutschen Industrie）和专有商品生产者协会（Markenverband）共同提名；

（bb）1 名成员由德国工商协会（Deutscher Industrie und Handelskammertag）和地方工业协会联合会（Bundesvereinigung der Kommunalen Spitzenverbande）共同提名；

（cc）1 名成员在得到德国批发与外贸联合会（Bundesverband des Deutschen Grossund Aussenhandels）、联邦大中型企业协会（Bundesarbeitsgemeinschaft der Mittel – und Grossbetriebe des Einzelhandels e. V.）和德国商业集团联合会（Zentralverband Gewerblicher Verbundgruppen）的共同认可后，由德国零售商联合会（Hauptverband des Deutschen Einzelhandels）提名；

（dd）1 名成员在得到德国农业中央委员会（Zentralausschuss der Deutschen Landwirtschaft）和德国自由合作协会（Freier Ausschuss der Deutschen Genossenschaftsverbande）共同认可后，由德国中央贸易协会（Zentralverband des Deutschen Handwerks）提名；

（ee）1 名成员在得到德国联合保险协会（Gesamtverband der Deutschen Versicherungswirtschaft）认可后，由中央信贷委员会（Zentraler Kreditausschuss）提名。[①]

德国联邦经济部在任命咨询委员会成员时，需遵照以上机构的提名。如果在有效提名期（8周）内以上机构未能提交名单，那么德国联邦经济部也可以自行任命咨询委员会的成员。

在比较试验测试项目的产品与服务选择、确定对消费者重要的属性、合适测试方法的选择、重要评价方法的确定，以及测试结果的有效呈现等方面，"咨询专家特别会议"（以下简称"特别会议"）对SW提出咨询建议。特别会议由咨询委员会中的3—10名合适的专家组成，独立专家、消费者组织、供应商与制造商组织这三类专家中，至少要有1名专家参与特别会议。

从以上机构章程的表述中可以看到，在SW所测试的每一件产品中，都包含了来自不同利益主体的代表参与博弈。这一独立专家、消费者组织、供应商与制造商组织代表各占三分之一的机制设计，既保证了消费者利益能够被有效地体现，同时又不至于过分主张消费者可能并不切合实际的需求，通过独立专家、生产商从技术水平、生产工艺和制造成本的角度进行探讨，最终达成一个多方主体都能接受的产品质量水平。

相比较在我国，政府产品质量标准的制定过程中，虽然TC也会召集相关领域的利益主体参与标准的起草，但是这一主体的构成却与SW有很大的区别。以《饮用天然矿泉水国家标准（GB8537—2008）》为例：

本标准由中国轻工业联合提出。
本标准由全国饮料标准化技术委员会归口。
本标准起草单位：中国食品发酵工业研究院、中国疾病预防控制中心环境与健康相关产品安全所、中国地质环境监测院、中国疾病预防控制中心营养与食品安全所、中国饮料工业协会天然矿泉水分会、海口椰树矿泉水有限公司、深圳达能益力泉饮品有限公司。

图4-1 《饮用天然矿泉水国家标准（GB8537—2008）》的起草单位

---

① 虽然在本书中所研究的比较试验方法仅限于产品质量领域，但服务质量在SW的业务范围中占据了重要的地位，其中金融服务，特别是住房贷款、保险、年金等金融服务的质量是其重要的测评对象，因而在咨询委员会中需要来自于这一领域的专家。

如图4-1所示，在这一饮用天然矿泉水的国家标准起草单位中，有从事食品饮料科学研究的机构，有代表这一行业企业利益的行业协会，也有业内有一定影响力的企业，但是完全没有出现代表消费者利益的组织或个人。因此，这样一种治理结构下所制定的产品标准，无法有效地包容主要利益相关者的利益，而是突出了企业在标准制定中的利益。

2. 竞争对比较试验机构治理绩效的激励

在非营利组织的服务供给中，需求偏好的异质性越大，越容易出现更多提供服务供给的组织（James，1993）。比较试验领域也同样如此，随着消费者需求多样性的不断增强，越来越多地出现差异化的比较试验机构。首先来看假设市场上只有两个比较试验机构提供服务的情况，并假设这两个机构在同一时间发布了同一类产品的测试结果，所测试的品牌与产品型号也都是完全一样的，但测试的结果并不是完全一样的。一个理性的消费者只会从这两者中选择一个测试结果购买，因为仅存在于测试结果上的差异表明这两份比较试验信息的质量是不同的，而测试标准就是比较试验信息的质量标准。在这一假设中，测试结果得分较高的比较试验机构，表明其制定的测试标准较低；而测试结果得分较低的机构，则表明其制定的测试标准较高，有能力对测试结果制定更高的售价。也就是说，比较试验机构的竞争，本质上是它们所制定的产品标准间的竞争。随着市场上比较试验机构数量的增加，如果比较试验机构希望在竞争中始终占据优势地位，要么持续制定出高质量的测试标准并维持较高的售价，要么以较低的价格出售较低质量标准的测试结果，或者转而测试其他比较试验机构还未测试过的产品，成为这一产品领域测试结果暂时的垄断者。

现在再来假设市场上有充足的（不限数量）比较试验机构供给测试结果的情况。对于任意一个比较试验机构来说，进入这一市场时最佳的选择，首先是"占领"一个还没有其他机构进行测试的产品领域，提供独家的测试结果，由于消费者没有其他的选择，因而倾向于接受唯一的测试结果并支付相对较高的价格。但是，随着比较试验机构数量的增加，未被测试的产品领域将越来越少，以至于最终所有的产品领域都有超过两个比较试验机构提供测试结果，那么最终决定测试结果是否被消费者购买的，仍然是测试结果的质量，也就是测试标准的高低。如果比较试验机构的测试标准能够更好地反映并满足消费者的质量需求，那么将吸引更多的消费者购买这一结果，同时由于充分竞争者的存在，使得测试标准更好的机构也无法收取离谱的价格。因此，(1)任意一个比较试验机构自身利益最大化的选择，就是更透彻地调查、分析消费者需求，制定更具有消费者代表性、与竞争者存在差异的测试标准，并根据市场供需的状况对据此标准测试的结果进行合理的定价。(2)对于单个消费者来说，自身利益最大化的选择有两种，一是对于没有预算约束的消费者，可以选择所要购买产品领域测试结果评价最高的比较试验机构，并购买其所发布的测试结果；二是对于存在预算约束的消费者，可以选择购买对其来说性价比最高的比较试验信息。(3)对于生产商来说，自身利益最大化的选择是，选择市场上最被消费者所接受的产品比较试验测试结果，根据这一测试所对应的质量标准改进产品质量，并研究在这一标准下竞争生产商的产品与技术性能。虽然生产商同样也可以收集多个比较试验机构对其的测试结果，但是同一个产品型号的生产中只能遵循一个标准，因而企业倾向于选择更被消费者所接受的标准。(4)对于政府来说，自身利益最大化的选择是，观察并默许比较试验机构依据自身制定的标准所进行的测试，并鼓励机构间的标准竞争。一旦出现政府标准存在潜在安全风险的情况，政府就能从竞争中的各个标准中，选择一个最受欢迎同时又最能排除安全隐患的标准，并使之成为新的政府标准。

从以上的分析中可以看到，任何一个核心利益相关者出于完全自利的选择，最后都能加剧比较试验机构间的竞争，产生更能代表消费者利益的产品质量标准，并最终实现生产商整体产品质量的提升，以及消费者作为最终购买者的利益最大化。在这一过程中始终伴随着比较试验机构及其所制定标准的竞争，因而能够杜绝比较试验机构由于信息不对称，以及非市场化交易所带来的交易成本，使得比较试验方法运行的整体绩效较高。

（二）测试标准的创新促进产品质量提升

比较试验机构在制订测试计划的环节中，通过问卷与市场调查的方式获取分散的消费者产品质量信息需求，经过分析之后转化为拟测试产品的测试计划；在测试标准的制定环节中，消费者实际使用的习惯、体验与感受占据测试指标的重要部分，草案必须经过消费者代表的审议通过之后方可执行；在样品购买环节，模拟消费者的购买习惯来获取样品；在测试与评价环节，消费者主观评价的指标在评价中占有重要的权重。以上比较试验机构测试标准从产生到执行的整个过程中都可以看到，这一标准本质上是对消费者需求的表达与解释。虽然比较试验机构将行业组织的意见作为测试标准制定的依据之一，但其核心目的是评估消费者需求在技术和成本上的可行性，以更科学地解释消费者需求。依据消费者的需求对产品标准创新，进而促进产品质量提升，可以从以下案例中得到呈现。

1. 饮用水标准的创新

在 SW 的测试标准制定中，对于食品饮料有一套已探索成熟的指标体系，一般包括：

- 感官评估，用于找出不对的、不正常的气味或味道，这是没有对商品普及性的检测，由消费者的主观评价决定；
- 化学和物理检测，如微生物含量、离子成分、有机和无机成分等；
- 安全检测，如污染物、重金属含量等，这里的安全标准不仅仅是符合现有标准允许的最大含量；
- 包装，如功能性、材料标识、循环利用等；
- 声明，如法定检测、可读性、广告声明等。

具体到饮用水这类产品的比较试验，SW 的产品测试标准所涵盖的内容包括[1]：

（a）标识和包装

商品标识的所有部分，包括品牌名称，制造商、装瓶商和零售商，名称，原料名称和产地，分析所得的构成元素，处理方法的信息，成分数据，口味描述，广告声明，标称容积，最佳饮用日期，批号，消费建议，营养价值，等等内容。这些项目在测试中必须加以检查，以符合法律法规的规定。

---

[1] Sieber P.，《商品和服务比较试验实用导则——以德国商品检验基金会的经验为基础》，GIZ，2013。

（b）包装检测

（aa）打开过程：是否容易打开，是否需要任何工具，是否有任何独特性？

（bb）重复关上：是否可行，是否需要任何单独的关闭组件？

（cc）含量：通过3个样本进行随机测量，如果存在任何小于最少方差含量的量值，则再对10个样本进行测量；

（dd）封口材料：通过检测确定材料是否含卤素；

（ee）包装材料：通过材料检测和数量确定。

（c）化学和物理检测

（aa）一般测量：导电系数，酸碱度；

（bb）主要阳离子成分：钠、钾、钙、镁、铁、铜、锌、锰、铵；

（cc）主要阴离子成分：氯化物、硫酸盐、碳酸氢盐、硝酸盐、亚硝酸盐、氟化物、磷酸盐、溴化物、溴酸盐；

（dd）其他无机成分：砷、镉、铬、汞、铅、硒、硼酸、镍、钡、锑、氰化物；

（ee）有机成分：可溶解有机碳，高度挥发性卤代烃，多环芳烃，除草剂残留物，阴离子表面活性剂。

（d）微生物检测

（aa）大肠杆菌和大肠菌群：细菌分析采用膜过滤，过滤器在培养基上培养（37℃，20小时）；

（bb）粪链球菌：分析采用膜过滤，在葡萄糖酸液中培养（37℃，20小时）；

（cc）铜绿假单胞菌：分析采用膜过滤，在溴棕三甲胺液中培养（37℃，20小时）；

（dd）还原亚硫酸盐厌氧芽孢菌：通过葡萄糖-柠檬酸铁-亚硫酸钠强化液分析（37℃，20小时）；

（ee）菌体数量：计数是在哥伦比亚血穹脂基上采用膜过滤器培养（20℃和37℃各20小时）。

（e）感官检测

感官检测应由一组指定的水专家（5—7人）进行。如果味道说明是标示在瓶子上的，则水样也应相应分组，以避免味道的频繁改变。非碳酸商品须先进行检测,其后是中等碳酸商品,最后是强碳酸商品。水样品须在室温下检测,须按随机顺序放在无标签的瓶子里。

（aa）外观：清澈与否；

（bb）气味：尤其是气味上的缺点和毛病；

（cc）味道：尤其是味道上的缺点和毛病；

（dd）口感：碳酸含量；

（ee）对容器材料产生的任何显著影响。

如果不同专家对同一水样特点的判断有显著差别,应重新进行检测,必要时可进行小组讨论来得出一个一致同意的结果。缺点和毛病会导致对相关水样得出一个不好的感官评级,如果没有任何缺点和毛病,那么专家给出的气味和味道的特点应用于得出该水样一个易于说明的形象。

与我国《饮用天然矿泉水国家标准（GB8537—2008）》相比较可以发现,在该国家标准中属于强制性标准的条款包括：

5.2 水质要求

5.2.1 感官要求

应符合表 1 的规定。

表 1 感官要求

项目		要求
色度/度	≤	15（不得呈现其他异色）
浑浊度/NTU	≤	5
臭和味		具有矿泉水特征性口味,不得有异臭、异味
可见物		允许有极少量的天然矿物盐沉淀,但不得含其他异物

5.2.2 理化要求

5.2.2.1 界限指标

应有一项（或一项以上）指标符合表 2 的规定。

表2　　　　　　　　　　　　　　界限指标

项目		要求
锂（mg/L）	≥	0.20
锶（mg/L）	≥	0.20（含量在0.20mg/L—0.40mg/L时，水源水水温应在25℃以上）
锌（mg/L）	≥	0.20
碘化物（mg/L）	≥	0.20
偏硅酸（mg/L）	≥	25.0（含量在25.0mg/L—30.0mg/L时，水源水水温应在25℃以上）
硒（mg/L）	≥	0.01
游离二氧化碳（mg/L）	≥	250
溶解性总固体（mg/L）	≥	1000

5.2.2.2 限量指标

应符合表3的规定。

表3　　　　　　　　　　　　　　限量指标

项目		要求
硒（mg/L）	<	0.05
锑（mg/L）	<	0.005
砷（mg/L）	<	0.01
铜（mg/L）	<	1.0
钡（mg/L）	<	0.7
镉（mg/L）	<	0.003
铬（mg/L）	<	0.05
铅（mg/L）	<	0.01
汞（mg/L）	<	0.001

续表

项目		要求
锰（mg/L）	<	0.4
镍（mg/L）	<	0.02
银（mg/L）	<	0.05
硝酸盐（以 NO_3^- 计）（mg/L）	<	45
溴酸盐（mg/L）	<	0.01
硼酸盐（以 B 计）（mg/L）	<	5
氟化物（以 F^- 计）（mg/L）	<	1.5
耗氧量（以 O_2 计）（mg/L）	<	3.0
^{226}镭放射性（Bq/L）	<	1.1

5.2.2.3 污染物指标

应符合表 4 的规定。

表 4　　　　　　污染物指标

项目		要求
挥发酚（以苯酚计）（mg/L）	<	0.002
氰化物（以 CN^- 计）（mg/L）	<	0.010
阴离子合成洗涤剂（mg/L）	<	0.3
矿物油（mg/L）	<	0.05
亚硝酸盐（以 NO_2^- 计）（mg/L）	<	0.1
总 β 放射性（Bq/L）	<	1.50

5.2.3 微生物要求

应符合表 5 和表 6 的规定。

表 5　　　　　　　　　　微生物指标

项目		要求
大肠菌群（MPN/100mL）	<	0
粪链球菌（CFU/250mL）	<	0
铜绿假单胞菌（CFU/250mL）	<	0
产气荚膜梭菌（CFU/50mL）	<	0

注1：取样 $1\times250\text{mL}$（产气荚膜梭菌取样 $1\times50\text{mL}$）进行第一次检验，符合表5要求，报告为合格。

注2：检测结果大于等于1并小于2时，应按表4-6采取 n 个样品进行第二次检验。

注3：检测结果大于等于2时，报告为不合格。

表 6　　　　　　　　　　第二次检验

项目	样品数		限量	
	n	c	m	M
大肠菌群	4	1	0	2
粪链球菌	4	1	0	2
铜绿假单胞菌	4	1	0	2
产气荚膜梭菌	4	1	0	2

注：n——一批产品应采集的样品件数；

c——最大允许可超出 m 值的样品数，超出该数值判为不合格；

m——每250mL（或50mL）样品中最大允许可接受水平的限量值（CFU）；

M——每250mL（或50mL）样品中不可接受的微生物限量值（CFU），等于或高于 M 值的样品均为不合格。

8.1 标志

8.1.1 预包装产品标签除应符合 GB7718 有关规定外，还应符合下列要求：

——标示天然矿泉水水源点名称；

——标示产品达标的界限指标、溶解性总固体含量以及主要阳离子（K^+、Na^+、Ca^{2+}、Mg^{2+}）的含量范围；

——当氟含量大于 1.0mg/L 时，应标注"含氟"字样；

——标示产品类型，可直接用定语形式加在产品名称之前，如："含气天然矿泉水"；或者标示产品名称"天然矿泉水"，在下面标注其产品类型：含气型或充气型；对于"无气"和"脱气"型天然矿泉水可免于标示产品类型。

从以上我国饮用水国家强制性标准与 SW 的产品测试标准的比较中可以看到，两种标准在化学和物理检测，以及微生物检测的指标上大体相同，主要的差异存在于包装检测、感官检测这两个指标，以及化学、物理、微生物检测指标的最大允许值上。在我国的饮用水国家标准中，是没有对产品包装的强制性要求的，而在 SW 的测试标准中，却出现了较大比重涉及包装的测试内容，这一内容不仅涉及包装物是否有毒有害，还从消费者的使用感受出发，测试产品的包装对于消费者来说是否好用、方便。在我国的饮用水国家标准中，对于饮用水感官评价的指标与 SW 的测试标准在外观和气味的测试上较为相似，但是在 SW 的测试标准中，除了这两类测试之外还从消费者的使用感受出发，增加了对味道、口感以及对容器影响的测试项目。从纯粹技术检测的角度来看，味道和口感完全属于消费者个人偏好的范畴，并不是制定标准的技术专家所需要考虑的问题，但是在比较试验的测试标准中，不仅在测试标准中引入完全由消费者主观感受决定的测试指标，在这类指标的测试方法上，还创新采用了一组专家通过个人感知、体验的结果来打分的方式，更加强化了消费者在测试标准中的重要性。此外，在化学、物理、微生物检测指标上，SW 的安全性容忍值一般显著低于欧盟强制性标准和行业标准，而是创新了更加严格的安全性标准。

2. 山地自行车标准的创新

在 1995 年以前，SW 共对自行车类产品测试了 29 次，是最常被测试的产品类型之一。其中一次对山地自行车标准创新的案例，是对于 SW 面向消费者需求创新测试标准的良好诠释。[①]

在当时的山地自行车测试中，DIN79100 标准[②]是对所有自行车都适用的产品标准，但其中并没有对山地自行车这类特殊运动型自行车作出特别的规定。因此，SW 的标准设计者在 DIN79100 标准的基础之上，

---

① 德国商品检验基金会（SW）的宣传材料，《Stiftung Warentest, MAKING A MARKET FOR CONSUMERS》。

② DIN 的全称为 Deutsches Institut für Normung e. V.，是德国最大的具有广泛代表性的公益性标准化民间机构。

在耐用性等方面引入了更加严格的标准条款。与普通的自行车测试所不同的是，SW 对山地自行车的测试包括：

（a）首先模拟了一个成年人在自行车上骑行的场景测试，这一测试要进行 80 小时、模拟骑行 2000 公里；

（b）其次每一个被测品牌的山地自行车都会被彻底地肢解，每一个零件都必须经过耐久性测试，并且测试的强度不是按照普通实验室的单一强度，而是模拟骑车人在山地骑行时可能出现的快速强度变动进行测试；

（c）再次是每一个被测品牌的山地自行车，都会交由专业的自行车运动员进行山地的实地测试，每一辆自行车会被 4 名男运动员和 1 名女运动员分别测试。这一测试在一个月内完成，每辆自行车总共要经过 250km 不同路况山路的实地测试，而作为测试者的运动员根据其体验感受对山地自行车进行评分。

（d）在最终的测试结果中，由运动员实地骑行测试所获得的分项测试分数，在最终的总分中占据 35% 的权重，也是所有分项当中最高的权重，其他如耐久性、安全性和修理指标，则分别占了 30%、20% 和 15% 的权重。

山地自行车的测试案例更充分的证明，比较试验机构并不会仅仅采用现行的产品标准来进行比较测试，而是在测试标准的制定过程当中，在现行行业标准的基础之上①，创新根据消费者需求而出现的新的测试项目，按照消费者实际使用的过程对产品进行测试，并对涉及消费者实际使用的项目赋予很高的得分权重。

（三）产品质量信息的有效传播机制

1. 比较试验测试报告的发布形态

对于一个真实的比较试验测试过程，测试结果的传播形式将用 2003 年第 7 期《测试》杂志的数码相机案例进行说明。

---

① 在发达国家和地区，行业标准是行业内、特别是加入特定行业协会的企业，用于产品质量的自治管理并共同遵守的依据，是普遍高于政府强制性标准的行业内企业自治标准。

图4-2 2003年第7期《测试》杂志数码相机测试报告截图之一

图4-3 2003年第7期《测试》杂志数码相机测试报告截图之二

第四章 国外比较试验对产品质量治理的实证研究

图4-4 2003年第7期《测试》杂志数码相机测试报告截图之三

图4-5 2003年第7期《测试》杂志数码相机测试报告截图之四

图 4-6 2003 年第 7 期《测试》杂志数码相机测试报告截图之五

在 SW 所发布的某一类产品的比较试验信息中，如数码相机，首先会用较长篇幅的文字，对所测试产品的测试标准、测试方法等测试原则性的信息，用消费者容易理解的文字进行表述，一方面更多地向消费者

展示测试结果的透明性；另一方面也是帮助消费者更好地理解后续内容。其次，将每一款被测产品的品牌、型号（附简短介绍）、价格和总体得分，附上每个型号产品的照片陈列在测试报告中，即使不看测试报告的其他任何内容，消费者也能够很容易地从这一页的信息内容中，找到产品外形、价格、总分等重要信息。再次，测试报告将被测产品的品牌型号按照不同的价格区间排序，依次罗列每一个产品在每一个分项上的评价得分，以及关键指标的实际测试结果，并对评分的方法进行了说明。这样一种表格陈列式的信息呈现方式，能够最大限度地满足对产品某些性能特别关注的消费者，以及有一定专业知识的消费者或生产企业了解详细产品质量信息的需求。最后，测试报告还对得出最终评分的分项指标权重体系做了一定的说明，这也表明了 SW 在整个测试评价过程中，对这类产品的哪些质量指标最为看重。当比较试验机构的产品质量信息达到一定的影响力时，这一权重体系能够有效地引导生产企业，向着比较试验机构所倡导的质量提升方向改进产品，进而实现产品质量治理的功能。

2. 比较试验信息的传播形态

目前，SW 的比较试验产品质量信息有多种传播的渠道：一是以纸质《测试》杂志的形式进行公开发行，消费者既可以通过订阅的方式定期获取，也可以在某些报刊亭以零售的方式单期购买。

随着互联网的发展和信息传播形态的变化，纸质杂志的销量自 20 世纪 90 年代后期开始下降，而互联网媒介的传播开始增长。目前，《测试》杂志的电子版本不仅能够以略低于纸质版本的价格在 SW 的官方网站上销售，SW 还将既有的多年比较试验信息按照不同的需要，整理成为不同形态的电子书籍销售给消费者。

图 4-7 2015 年第一季度所发行的《测试》杂志

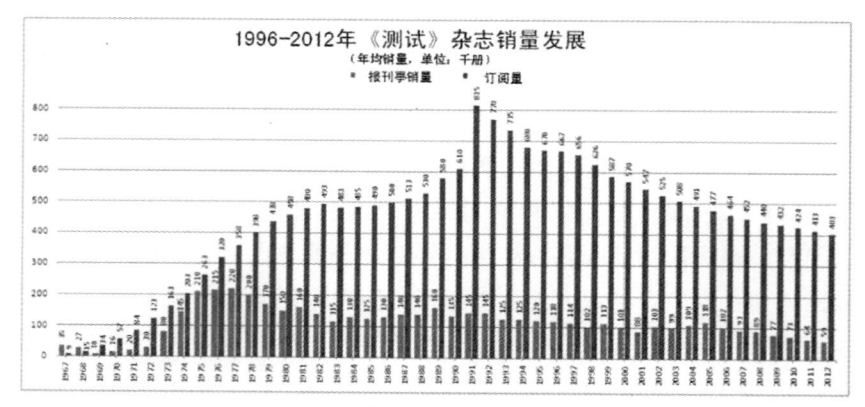

图 4-8　《测试》杂志的销量变化

图 4-9　SW 比较试验信息的其他形态

四　本章小结

　　本章对比较试验方法从最初产生到逐渐成熟的变迁、特征进行了分析，表明制度与社会环境的存在对于比较试验方法的建立非常重要。由于消费社会的到来，以及由此而来的严重质量信息不对称，加之政府在产品质量监管中的预算约束，使得比较试验方法能够在各国经济发展较为相似的阶段陆续建立。

比较试验方法对产品质量的治理有其独特的特征，首先是要对消费者形成实质性的影响力，生产商能够自觉的遵守比较试验机构所制定的规则，并能与政府监管形成有效的互动。特别重要的一点就是，比较试验机构要能够不依赖政府和企业的资助和干预独立地经营和运行。

对比较试验方法的产品质量治理机制，主要从一个进入退出自由的比较试验信息服务市场的视角，对多个比较试验机构的共存与相互作用中的激励相容问题进行了分析。比较试验机构实际上是通过创新了一种类型的标准竞争机制而自我实现的，这一标准制定机制有效地对消费者需求进行表达，并通过多个比较试验机构间标准的竞争，实现了每一个比较试验机构完全自利的行为选择，都能够最终实现消费者以及全社会在产品质量上的利益最大化。

接下来本章讨论了关于比较试验信息传播的问题。比较试验方法在传统的主要基于广告与价格的质量信息类型之外，创新了一种新的基于消费者需求、集成性传播的质量信息类型，并借用媒体的信息源可信度与传播能力广泛的对信息进行传播，从另一个方面增强了比较试验方法的治理功能，显著地降低了机制运行的交易成本。

这样的一种质量治理方法在中国也曾多次试图建立与运行，但现状与理想是存在巨大差距的。在下一章中，将利用第二章所提出的三因素模型，解释我国的比较试验发展现状。

第五章 比较试验方法在中国的应用现状

自1995年我国第一次出现产品比较试验至今，已走过20年的时间。与其他已建立比较试验方法的国家所不同的是，这些国家从第一次出现比较试验现象开始，一般只需要不超过5年的时间，比较试验机构的会员数量就会快速增长到一个比较可观的水平，多个不同规模大小的比较试验机构在国内相继成立，在消费者间有较大的影响力，并对消费者和生产商的行为产生较为显著的影响，并且一般在不超过20年的时间内，比较试验方法就能在一国成功建立。然而在我国，这20年期间不但尚未成功建立比较试验方法，甚至尚未出现一个能够维持自我运行的比较试验机构。同时，绝大部分的消费者并不知道比较试验机构（包括测试）的存在，那就更不用说对消费者和生产商产生实质性的影响力了。这一现象显然并不是偶然的，正如前文所分析的比较试验方法成功建立背后的理论原因，这一方法在我国的缺失也必然存在规律性的因素。那么究竟是由于社会发展尚未达到合适的水平，或是机构自身经营能力的欠缺，抑或是国家的制度背景存在不相容的因素呢？以下将从典型的个案出发进行分析，对这些问题一一进行回答。

一 三种不同类型的比较试验机构

我国现有的比较试验机构存在三种比较典型的模式：一是政府模式；二是非营利企业模式；三是企业模式。在政府模式中，中国消费者协会作为我国法定的消费者权益保护组织，其总部与全国各省的省级分支机构，均在从事比较试验的测试工作。其中最有代表性的机构，就是最早在国内开展比较试验测试的 S 市消费者委员会（以下简称"S 消委会""消委会"）。虽然从法律意义上讲，我国的消费者协会是一个社会团体，但在实际的运行中，全国的消费者协会都隶属于当地的工商行政管理部门并直接接受其管理，因此将其作为政府模式的案例。在非营利企业模式中，最有代表性的机构是中国内地地区一个加入了 ICRT 组织的名为 M 的比较试验机构。M 从其机构注册的文本来看是一个企业，但经过复杂的机制设计已成为一个实质性的非营利组织，因此将其作为非营利企业模式的案例。在企业模式中，最有代表性的机构是 CR 杂志社，是一个完全由企业家投资成立，并期望从中获得经营性利润的传媒企业，因而将其作为企业模式的案例。

（一）政府模式

S 消委会[①]是经政府批准，依法成立的对商品和服务进行社会监督、保护消费者合法权益的社会组织。依据《中华人民共和国消费者权益保护法》及地方实施办法的相关规定，消委会的公益性法定职能包括"（八）对商品和服务的质量、价格、售后服务和消费者的意见进行调查、比较、检测、分析，并公布结果"。截至 2015 年，S 消委会比较试验相关事务的经费全部直接来自政府的拨款，自 2012 年开始这一拨款上调至每年 50 万元，在之前的一些年份为 20 万元。在消委会内部，近年来安排了 1 名专职的工作人员，负责每年所开展的全部比较试验工作，具体的产品技术检测则是委托当地具有国家相应检测资质的技术机构完成。

自 1995 年 2 月 S 消委会在全国率先开展比较试验以来，截至 2014 年年底已总共开展了 59 次产品比较试验，每年测试 1—5 种产品不等，其中大约 50% 的测试是与全国其他地区的消协联合完成的。消委会所测试的产品类型，经相关工作人员提案之后由消委会领导确定，主要包括手机、平板电脑、空调、皮鞋、电热毯、植物油、停车场计时计费装置等大众消费品和少量计量器具。产品比较试验的测试标准，主要依照的是产品所在领域的相关国家强制性标准和推荐性标准。自 2013 年智

---

① 此处资料来源于与 S 消委会负责比较试验事务工作人员的访谈，以及部分公开信息的整理。

能手机的测试中学习 SW 的测试方法（邀请 SW 已退休董事全程指导）之后，开始引入消费者的主观测试，由消委会征集消费者代表，在实验室工程师的指导下完成。同时，消委会学习 SW 的测试结果评价方法，自主开发了 5 分制的评价指标体系，并对可量化的指标赋予了相应的权重，以便获得加权计算之后的测试总评分数和分项得分。对于完成了全部测试程序和评分之后的测试结果，消委会通过其官方网站发布，重要的年度测试（如 2013 年的智能手机测试、2014 年的平板电脑测试）则召开新闻发布会进行推广，并在全国消协系统的兄弟单位和合作单位的网站上同步转载，也就是完全免费向公众提供的。

（二）非营利企业模式

M 机构[①]源自于一个在中国上海定居的美国人，由于组建新家而购买家庭用品和婴童产品时，寻找可信赖产品质量信息时产生的困惑。本以为可以找到类似 CU《消费者报告》一样的信息源，但遗憾的是当时国内并没有任何一个机构提供类似的信息。因此，他们夫妇俩于 2010 年仿照 CU 的模式成立了 M，是我国第一个完全没有政府背景的独立第三方比较试验机构。M 的初始运营经费，由创始人夫妇联合其他 6 位自然人共同出资投入，仍在不断融资中。同时，M 还采用 ICRT 成员机构通行的、也是要求的做法，不接受任何生产商以任何形式的赞助，只能以独立的身份服务于消费者。

成立之初，M 测试的产品类型具有强烈的个人色彩，也就是解决创始人置办新家时的困惑，当然同时也是全中国所有年轻父母的困惑——31 类婴童产品和儿童汽车安全座椅，均是中国同类产品中第一个由独立第三方比较试验机构提供的测试结果。在此之后，由于私人出资以及所在地上海高昂的运营成本约束，M 采取了一种直接通过"国际接轨"来降低成本、提高声誉的"搭便车"战略。2013 年，M 加入 ICRT，参与其在全球多个国家和地区的大型比较试验机构共同完成的测试，产品类型迅速扩展至消费电子产品、个人护理产品，所测试的品牌、型号也迅速地扩大，目前公布的测试产品数量已达每年数千种。也就是说，M 的产品测试计划并没有完全的自主权，而是在 ICRT 的测试计划中选择本机构所要参与的

---

① 此处资料主要来源于与 M 机构创始人的访谈，与部分公开信息的整理。

计划。相应的，ICRT 有其统一的、各国大型比较试验机构共同商议确定的测试标准，因而 M 并未投入过多资源在测试标准的制定上，而是直接引用了统一的测试标准和测试结果。在测试结果的评价上，M 采用了比较惯用的 5 级评价制，对总体得分和分项得分分别进行评价，同时对某些表现突出或糟糕的产品进行特别"推荐"或"警示"。

对于测试结果的发布，M 并没有采用国际上通行的发行杂志进行定期发布的方式，而是在其官方网站上开通"会员"专用模块，为付费的会员提供相应的产品测试结果，不同的产品类型测试结果的价格不同。同时，M 还在优酷（Youku）等免费视频分享平台，免费推送包含部分测试总体得分和测试过程内容的视频，做了一定程度的信息推广。

（三）企业模式

CR[①] 的发行单位，是一家由私人机构投资设立的营利性商业媒体，通过向消费者销售比较试验测试结果而获得经营性的可分配利润。自 2012 年年末获得出版刊号之后，于 2013 年 4 月正式发行第一期月刊。到 2015 年为止，杂志社已组建起一支三四十人的经营团队，主要由记者、编辑、运营、发行，以及少数技术人员共同组成，投资人已投入超过 2000 万元用于杂志社的日常经营。虽然杂志社宣称不接受任何生产商以任何形式的赞助，但在其杂志与官方网站上均出现一些知名的"特约支持"企业的标识，同时作为一个小型商业机构并没有公开财务的义务，因而在机构的中立性上不易作出评价。

在 2013—2015 年的比较试验产品测试中，CR 通过市场调查、互联网征集投票等方式获取消费者的需求，以此来确定每期杂志的测试产品类型。截至 2015 年第 2 期，共测试了 55 类共 377 个品牌的产品，主要分布于食品饮料、母婴、消费电子、日用品、汽车交通、家居地产和金融理财领域。由于成本约束的限制，杂志社对于汽车交通和家居地产的测试仅限于低价值零配件、互补产品和部分服务的测试。此时，CR 尚未真正建立起一套针对所测产品的科学、有说服力的独立评价标准，对于产品的测试多采用选择几个目前消费者最为关心的方面，如环保、营养成分、厚度等方面进行有侧重点的测试，而不是从产品整体评价的角

---

① 此处资料主要来源于与 CR 负责人的访谈，与其官网信息的整理。

度进行测评，同时，对固有性能的测试所依照的标准，仍然是国家强制性标准或推荐性标准，并适当地引入了一些消费者的主观评价指标，这也导致产品最终的结果评价很难用直观的分值或等级进行表达，更多的是将测试结果直接展示给消费者。

在产品的测试阶段，杂志社早期曾反复遇到由于测试标准的非标准性，以及对一个样品代表品牌的产品质量的测试方法可能存在法律风险的担忧，而遭到质量技术机构拒绝接受其委托测试的情况。经过一段时间的游说与沟通，目前已有几家机构愿意与杂志社成为合作伙伴，承担大部分相关的技术检测工作。

在测试结果的发布环节，每期杂志的内容除了3个至5个产品测试结果之外，更多的内容是从媒体的视角所收集的一些消费建议、信息与警示。杂志社采用了杂志、官网、微博、微信、视频节目、新闻客户端、电子杂志平台、博客的全媒体发布模式。一方面在实物杂志的销售上，每期杂志的销量为一万多份，其中约1/3来自消费者的订阅，其余2/3来自对合作单位或潜在用户的赠送；另一方面在互联网发布上，杂志社将每期杂志的全部内容均免费发布在自己的官网和电子杂志上，消费者可以毫无障碍地免费阅读，在多种新媒体上也可以收到杂志中主要的测试结果。同时，杂志社还利用消委会的官方网站传播测试结果，其代价就是作为各消委会官方网站的技术运营单位。

从以上对三个典型案例情节的描述中可以很容易看到，虽然这些机构都在从事比较试验测试，但是并没有对消费者和生产商形成实质性的影响力，政府事实上并没有采纳这些比较试验机构的测试结果或者测试标准，同时这些机构目前均无法通过销售比较试验信息而获得稳定的收入。因此可以说，以上三个案例所描述的比较试验机构，虽然在各自所代表的国内比较试验机构的模式中，都是最有代表性的比较试验机构，但是稍作分析就能发现，这些比较试验机构的运行都是很不成功的，也是我国20年来迟迟未能真正建立比较试验方法的一个缩影。

二 比较试验方法在我国应用的问题分析

（一）比较试验机构的运行缺乏有效的制度激励

在上文的分析中已经证明，对于比较试验这一质量信息服务的提供模式来说，以政府和企业的组织机构模式来提供的服务，均无法避免利益相关主体间激励不相容的弊端。

首先来看政府模式的行为选择。虽然消委会从名义上来说是一个具有法定职能、公益性的社会组织，但作为一个挂靠于政府部门的组织，主要办公经费完全来自于政府的拨款，主要领导的任免也由政府主管部门确定，因而实质上受到了主管部门的直接领导，也就是说在这样的一种模式里，比较试验机构和政府实质上是同一个利益主体。从消委会的职能中可以看到，比较试验对于消委会来说只是排名第八位的一项而不是全部工作，并且政府安排了50万元的专项经费用于此项工作①，因而对于消委会的决策者来说，主要的激励来自于在这50万元的范围内（不超预算的）完成好这项工作。50万元的经费对于类似CU和SW的比较试验测试花费来说显然是微不足道的，于是为了在有限的经费内做出更有业绩（而不是对消费者最有利）的工作，消委会有三种选择，一是选择单件测试费用较低的产品，全年多做几次测试；二是选择单件测试费用较高，但测试结果可能更能引起上级领导（而不是消费者）注意的产品；三是选择与其他机构合作来分担成本。因此，在近20年的比较试验活动中，消委会选择了如下一些产品类型作为比较试验测试的产品对象。

表5-1　　S消费者委员会所开展的所有比较试验项目

比较试验一览表（1995—2014年）					
	项目	时间	样本数量	购样地点	备注
1	唇膏比较试验（未发表）	1995年2月	28	深圳	
2	卷筒卫生纸比较试验	1995年4月	15	深圳	
3	洗洁精比较试验	1995年6月	15	深圳	
4	"三无"祛斑霜比较试验	1995年8月	8	深圳	
5	牛奶比较试验	1995年12月	28	深圳、广州	合作项目
6	酱油比较试验	1995年12月	21	深圳、广州	合作项目
7	方便面比较试验	1996年5月	22	深圳、广州	合作项目

---

① 在2012年，年度的比较试验经费为20万元，当地政府自2013年起将年度拨款的经费提升为50万元。

续表

比较试验一览表（1995—2014 年）

	项目	时间	样本数量	购样地点	备注
8	洗衣粉比较试验	1996 年 5 月	14	深圳、广州	合作项目
9	冰糖燕窝比较试验	1996 年 10 月	25	深圳	
10	花生油比较试验	1997 年 3 月	21	深圳、北京	合作项目
11	节能网比较试验	1997 年 4 月	6	深圳、广州	合作项目
12	家用电热取暖器比较试验	1997 年 5 月	15	深圳、广州	合作项目
13	唇膏比较试验	1997 年 5 月	25	深圳、广州	合作项目
14	蒸馏水比较试验	1997 年 6 月	20	深圳、广州	合作项目
15	散装食品比较试验	1997 年 12 月	17	深圳	
16	压力锅比较试验	1998 年 3 月	10	深圳、广州	合作项目
17	铅笔比较试验	1998 年 8 月	13	深圳	
18	染发剂比较试验	1998 年 9 月	18	深圳、广州	
19	纸巾纸比较试验	1998 年 12 月	18	深圳	
20	消毒碗柜比较试验	1999 年 6 月	9	深圳	
21	酱油比较试验	1999 年 9 月	19	深圳	
22	祛斑霜比较试验	2000 年 5 月	16	深圳	合作项目
23	蔬菜农药残留量检测	2000 年 8 月	61	深圳	
24	大瓶水使用中饮水机的微生物二次污染分析报告	2000 年 11 月	10	深圳	
25	玩具使用说明书比较试验	2000 年 11 月	17	深圳	
26	茶叶比较试验报告	2001 年 8 月	15	深圳	
27	普通照明灯泡及装饰灯泡比较试验	2001 年 11 月	15	深圳	
28	深圳市场部分食品抽样调查	2002 年 3 月	49	深圳	
29	人造板及其制品比较试验	2002 年 11 月	27	深圳	
30	糖果蜜饯比较试验	2003 年 3 月	30	深圳	
31	安全套比较试验	2003 年 3 月	20	深圳	
32	植物蛋白饮料、含乳饮料比较试验	2004 年 8 月	30	深圳	
33	室内空气质量检测	2005 年 11 月	20	深圳	
34	实木地板比较试验	2005 年 12 月	15	深圳	
35	消毒产品比较试验	2006 年 8 月	15	深圳	
36	室内加热器比较试验	2006 年 12 月	21	深圳	

续表

比较试验一览表（1995—2014 年）

	项目	时间	样本数量	购样地点	备注
37	液体加热器比较试验	2006 年 12 月	25	深圳	
38	蜂产品比较实验	2007 年 11 月	100	深圳	合作项目
39	修正液比较试验	2008 年 6 月	20	深圳	合作项目
40	防紫外线晴雨伞比较试验	2008 年 7 月	20	深圳	合作项目
41	美白祛斑化妆品比较试验	2008 年 7 月	40	深圳	合作项目
42	汽车车内空气（污染物）比较试验	2008 年 9 月	60	深圳	合作项目
43	桶装水比较试验	2009 年 1 月	44	深圳	合作项目
44	儿童服装比较试验	2009 年 11 月	50	深圳	合作项目
45	停车场计时计费装置检测	2009 年 9 月	90	深圳	
46	大米比较试验	2009 年 1 月	30	深圳	
47	空调节能比较试验	2010 年 8 月	12	深圳、东莞	合作项目
48	冷冻水产品计量检测	2010 年 2 月	48	深圳	
49	植物油转基因成分定性比较试验	2010 年 1 月	35	深圳	
50	皮鞋比较试验	2010 年 12 月	55	深圳	合作项目
51	运动服装比较试验	2011 年 11 月	60	深圳	合作项目
52	节能灯比较试验	2012 年 3 月	40	深圳	
53	仿瓷餐具比较试验	2012 年 4 月	40	深、莞、惠	合作项目
54	熟肉制品比较试验	2012 年 6 月	100	深圳	
55	毛巾比较试验	2012 年 11 月	100	深、莞、惠	合作项目
56	电热毯比较试验	2012 年 11 月	15	深圳、香港	合作项目
57	车内空气质量比较试验	2012 年 12 月	43	南京、北京	合作项目
58	智能手机比较试验	2013 年 12 月	12	深圳	
59	平板电脑比较试验	2014 年 12 月		深圳	

如表 5-1 所示，从近 20 年测试产品类型和数量的转变可以看出，

消委会的选择策略已明显从第一种与第三种转向了第二种。在经费约束与工作动机的双重影响下，消委会所生产的比较试验信息数量非常少，平均每年不超过三种类型的产品。特别是自2013年政府拨款经费增加至50万元以后，消委会在连续两年的时间内，只选择了两种在当地的产值中占有重要比重，而未必是消费者最为关心、最需要进行比较试验的产品类型。与此同时，由于法定职能的存在，消委会没有相应的激励将所做的比较试验测试信息销售给消费者，并从中获得使用信息的费用，因而消委会的比较试验信息一直都是免费地向公众公布的。即使消委会有这样的动机，但是由于极少的信息数量，消费者很难出现普遍的购买意愿。对于被测试的生产商来说，最佳的行为选择就是在比较试验测试的过程当中，通过比较试验机构的上级主管部门来影响测试的结果。在整个测试过程中，测试结果发布的决策者是政府任命的代理人，具体进行测试结果操作的技术机构同样是政府下属的事业单位，因而接受生产商的游说是一个在此处各方都得益的结果，因为没有任何人会因为消费者对测试结果的质疑或不满意而受到损失。最后，这一行为的结果将是消委会的选择越来越依赖政府而不是消费者，而消费者也就越来越不会对其生产的信息产生付费意愿。

　　再来分析企业模式的行为选择。企业的首要任务是盈利并为股东创造价值，投资人是因为看上了质量信息服务的商机才选择投资，而不是基于为全社会消费者提供质量信息的公益目的。但是，在长期无法从比较试验信息服务中找到盈利模式的压力之下，杂志社有极高的负面激励从其他途径获得经营存续所必需的资本，比如说企业隐形的广告和赞助。对于杂志的普通消费者来说，这样的疑虑是同样存在的，依靠广告作为主营业务收入的核心部分是媒体企业经营的惯例，在杂志较低的售价和极低的销量之下，消费者无法判断仍然能够持续运营的杂志社是否通过生产商的渠道来弥补成本，因而对测试的结果产生强烈的不信任感。同时，杂志社将所有购买杂志才能获得的信息毫无保留地公布在官方网站上，这对于消费者来说同样是一个负向的激励，除非对价格完全不敏感、且繁忙到几乎没有时间上网查询信息的消费者，才会订阅这份杂志，而这样的消费者往往并不是杂志中所涉及主要产品的直接购买者。

　　那么试图成为一个非营利组织的M，它的行为选择又是怎样的呢？

非营利企业的架构设计，应当说是加入 ICRT 的必要条件，而并不是出资人最初的理性选择。从 M 的出资人结构来看，他们没有采用其他的融资渠道，而是将个人的财产用于比较试验机构的创业，纯粹利他主义的思想与这一结构并不能很好地相容。因为非营利组织的盈利是无法用于出资人分配的，那么即使出资人作为组织的工作人员之一，也只能通过获得工资性收入而收取一笔类似年金的回报。如果这一比较试验机构无法像 CU 和 SW 那样存续超过几十年，那么他们的投入很可能很快就毫无踪影。因此，M 事实上面临着与 CR 同样的盈利与消费者认同的难题。当然，加入 ICRT 的行为可以作为一个利用国际组织的信用，来释放 M 本身质量信用信号的功能，但是对于中国的消费者来说，了解、学习 ICRT 本身就是一个需要跨越的大障碍。

因此，从以上的分析可以明显地看到，在我国现有的三种比较试验机构模式中，都普遍存在激励不足的问题，正是由于这种内在动力的缺乏，导致比较试验方法在我国迟迟难以建立。

（二）比较试验机构缺乏有效的标准创新

比较试验机构成功运营的核心资产，就是其自主开发、创新的产品质量标准，而比较试验方法能够有效建立的核心内在动力，就是各个不同比较试验机构间标准的竞争，这种竞争使得生产商、政府、消费者都能从中间接的受益。但是，在以上案例所代表的比较试验机构模式中，标准的创新与竞争并没有在其中有效地发挥作用，主要体现在如下一些方面。

1. 缺乏标准创新的能力

从发达国家和地区的比较试验经验来看，比较试验测试标准的创新，不仅需要比较试验机构自身拥有很强的、与产品生产企业相当的标准制定能力，对于比较试验机构来说将是一笔巨大的资金与人力资本投入，还需要比较试验机构具备相当的社会资源整合能力，包括专家、消费者代表、行业组织、产品测试实验室、媒体等。然而就目前我国的比较试验机构来说，这两方面的能力都还非常缺乏，与发达国家和地区相比都还存在相当大的差距。

4品牌面膜部分安全性指标检测结果

品牌	国标范围内的41种糖皮质激素	地索奈德	5种微生物
黛莱美 多重修护面膜	未检出	未检出	未检出
俏十岁 安肌舒缓科技面膜	未检出	未检出	未检出
金蔻 息敏修复润白面膜	未检出	未检出	未检出
韩后 金盏花清爽达人面膜	未检出	未检出	未检出

备注：地索奈德是不在国标检测范围内的糖皮质激素的一种。
5种微生物包含菌落总数、霉菌和酵母菌总数、粪大肠菌群、金黄色葡萄球菌、绿脓杆菌，是判断化妆品安全卫生的重要指标。

四品牌儿童家具安全性综合评价

家具品牌	甲醛释放量	重金属含量	边缘与尖端	警示标识	综合评价	价格指数（元）
松堡王国	4.6	4.9	3.8	4.3	▶	3518*
酷漫居	3.9	4.9	3.6	4.3	▶	2266*
宜家家居	3.1	4.9	2.5	4.5	▶	1099
七彩人生	2.8	4.9	1.4	2.3	▷	1495*

注：评分采取5分制，保留小数点后一位；
每个单项指标根据检测结果算出单项得分。各项指标权重分别均为25%

综合评价说明：▶ 优秀 ▶ 很好 ▶ 好 ▶ 一般 ▷ 差
* 表示价格指数源于天猫全网销售均价。

样品明细：
松堡王国：实木储物柜、床头柜　　酷漫居：实木学习桌、儿童椅
宜家家居：斯多瓦柜、克丽特桌　　七彩人生：三角儿童桌、阿狸储物柜

图 5-1　CR 所发布的比较试验测试结果

如图 5-1 所示的，是 CR 杂志对面膜和儿童家具两类产品所做的比较试验测试结果呈现。与 SW 密密麻麻复杂的测试结果报告所不同的是，CR 对两种产品的测试均只选择了 4 项理化性能指标，而没有纳入任何与消费者主观感受相关的测评指标，也就是说，并没有进行标准的创新。这一方面与杂志社长期存在的财务约束问题有关；另一方面则是由于作为一个媒体型的机构，CR 并不具备自主制定比较试验标准的技术能力和资源整合能力。

表 5-2　S 消费者委员会发布的 2013 年智能手机比较试验的部分信息

	中兴 Grand S V988	华为 Ascend D2	联想 K900	诺基亚 Lumia 920
大约售价（元）	2323	2188	2199	2499
总评	良好（3.3）	良好（3.4）	良好+（3.7）	良好（3.4）
电池性能（10%）	中等+（2.7）	良好+（3.7）	良好（3.3）	中等+（2.6）
通话时间/视频时间	★★☆/★★★☆	★★★☆/★★★★☆	★★★☆/★★★☆	★★/★★★
充电时间	★★★★	★★★★☆	★★★★☆	★★★★☆
语音与信息（15%）	中等+（3.0）	良好（3.5）	良好（3.7）	良好（3.6）
信号/通话质量	★★/★★★★★	★★★☆/★★★★☆	★★★☆/★★★★☆	★★★☆/★★★★
短信/易用性	★★★★/★★★★★	★★★★/★★★★★	★★★★/★★★★★	★★★☆/★★★★
多媒体性能（15%）	良好（3.3）	良好+（3.8）	良好+（3.8）	良好（3.3）
屏幕显示/摄像头	★★★☆/★★★★☆	★★★★/★★★★	★★★★☆/★★★☆	★★★/★★★★☆
音频/视频	★★★☆/★★★★	★★★☆/★★★★	★★★/★★★★	★★★☆/★★★★
易操作性（20%）	良好（3.2）	良好（3.5）	良好+（3.8）	良好+（3.7）
触屏灵敏性/说明书	★★★/★★★★☆	★★★/★★★★	★★★★☆/★★★★	★★★★☆/★★★★
通讯录/铃声	★★★☆/★★★★☆	★★★★/★★★★☆	★★★★/★★★☆	★★★★/★★★☆
备忘录管理/闹钟	★★★☆/★★★★★	★★★★/★★★★☆	★★★★/★★★★★	★★☆/★★★★
耐久性（5%）	良好（3.3）	优秀+（4.6）	良好（3.1）	中等+（2.6）

续表

	中兴 Grand S V988	华为 Ascend D2	联想 K900	诺基亚 Lumia 920
滚筒跌落/耐划痕/防水	★★★★★/★★★★/★	★★★★☆/★★★★/★★★★★	★★★★☆/★★★★/★	★★★/★★★★/★
网络功能（18%）	良好（3.4）	中等+（2.8）	优秀（4.1）	良好（3.5）
上网速度/自带浏览器	★★★★/★★★	★★★/★★★	★★★★☆/★★★★☆	★★★★/★★★
自带邮件管理器	★★★	★★★	★★★★	★★★☆
数据同步（2%）	优秀+（5）	良好+（4）	良好+（4）	中等（3.3）
云备份	★★★★★	★★★★	★★★★	★★★☆
GPS（7%）	良好+（3.6）	中等+（2.9）	良好（3.4）	良好+（4.0）
不开数据连接/开数据连接	★★/★★★★☆	★★/★★★★☆	★★★★/★★★★☆	★★★/★★★★☆
环保节能（8%）	优秀（4.1）	中等+（2.8）	良好（3.2）	良好（3.4）
电磁辐射/节能	★★★☆/★★★★★	★★★★/★	★★★★/★★★	★★★/★★★★★
参数对比				
尺寸（mm）	142.3×70.6×7.6	138.61×70.17×9.63	155.44×76.23×6.94	129.37×69.26×11.30
重量（g）	125.4	169.8	164	184.1
屏幕类型	IPS	IPS	IPS	IPS
屏幕尺寸（mm）	126.2	126.9	138.9	114.9
屏幕分辨率（像素）	1920×1080	1920×1080	1920×1080	1280×768
摄像头分辨率（前/后）	200万/1300万	130万/1300万	200万/1300万	120万/870万
手机拍照最大分辨率	4096×3072	4208×3120	4096×3072	3264×2488

续表

	中兴 Grand S V988	华为 Ascend D2	联想 K900	诺基亚 Lumia 920
手机摄像最大分辨率	1920×1088	1920×1088	1920×1080	1920×1080
电池容量/是否可拆卸	1780mAh/不可拆卸	3000mAh/不可拆卸	2500mAh/不可拆卸	2000mAh/不可拆卸
存储容量/可扩展容量（GB）	16/32	32/ -	16/ -	32/ -
操作系统	Android 4.4	Android OS 4.1	Android OS 4.2	Windows phone 8

说明：★★★★代表优秀+（4.6—5.0），★★★☆代表优秀（4.1—4.5），★★★代表良好+（3.6—4.0），★★☆代表良好（3.1—3.5），★★代表中等+（2.6—3.0），★☆代表中等（2.1—2.5），★★☆代表一般+（1.6—2.0），★☆代表一般（1.1—1.5），★代表差（0—1.0）。"-"表示不支持。价格为11月底本会市场调查所得，仅供参考。

表5-2所示的是2013年S消委会所发布的智能手机比较试验的部分测试结果信息。虽然这一信息的形式和内容都与SW的比较试验信息很相似，似乎表明S消委会有能力自主制定类似的比较试验测试标准，但深入地调查便能发现其中潜在的风险。S消委会2013年的智能手机比较试验，是在依托"中德国际合作机构（GIZ）"的技术援助项目，将SW前任理事、现任顾问（Peter Sieber博士）多次邀请至当地指导，并完全效仿SW的智能手机测试标准的情况下完成的。而在消委会内部，目前尚只有1名非专业技术的工作人员承担比较试验的全部具体工作，那么一旦德国专家无法继续指导，消委会将丧失对其他产品进行比较测试的标准制定能力。事实上，目前GIZ在消费品安全项目上的合作项目已经完结，缺少德国专家指导的情况已经成为现实。

对于M来说也存在同样的标准制定能力的问题。目前M所测试、发布得到比较试验测试结果，几乎全部来自于ICRT联合进行的测试，也就是说在标准制定这一核心要素上，M采用了一种"搭便车"的方法，直接采用了国际知名比较试验机构共同制定的标准，而其机构自身却并没有相应的能力。ICRT的成员主要分布于发达国家和地区，这些地区消费者的需求所转化的测试标准，很有可能与我国消费者的需求并不匹配，而M并没有相应的能力和财力来修正这一点。

2. 缺乏标准创新的制度环境

除了测试标准的制定能力，在我国现有的标准体制下，政府与企业之外的组织，目前还没有合理的标准创新空间。在政府模式的比较试验行为中，理所当然的选择就是依照现行的政府标准进行产品质量测试，因为执行者首先需要考虑的问题，并不是最终的测试结果是否代表了消费者的利益，或是理论与实际上是否科学，而是如果采用一套自创的质量标准进行测试，但测试的结果与上级政府主管部门质量监管行为所产生的结果不一致，那么是否会给上级领导造成不必要的困扰。不仅如此，在政府模式的比较试验中，实际执行者的行为将导致最终的测试结果，在固有性能的指标上必然会依照政府和社会所能接受的最低质量标准来衡量，而不会出现有价值的标准创新。至于在此之外所加入的少量消费者主观评价的部分，如果考虑上一节中所分析的激励问题，将很有可能只是一个更容易被修改最终得分的部分。

同时，在对 CR 的调研中对方曾经提到，质量技术机构因为担心测试标准的违规风险，而拒绝向其提供检测服务，甚至在早期的时候，每期杂志需要将 1/3 的精力投入到寻找可行的技术机构上。虽然目前已与多个政府所属技术机构形成了合作伙伴关系，但这一关系实质上是松散的，而且从近期 CR 所发布的测试结果中可以看到，其采用的固有性能测试标准中国家标准仍然占据了绝大部分，而这对于所有希望以企业形式进入比较试验服务的机构来说，这是一个必然会出现的共性问题。因此，在现有的比较试验机构中，很难出现真正意义上的标准创新与竞争，而这又恰恰阻碍了比较试验方法在我国的建立。

（三） 比较试验机构缺乏有效的信息传播

比较试验信息充分的传播，既是比较试验机构建立影响力的必经过程，又是其获得持续增长经营性收入的必然途径，应当是每一个比较试验机构必备的行为。但是，以上的三个案例中，比较试验机构普遍存在信息传播不足的问题。产生这一问题的核心原因，首先是比较试验机构本身所生产的信息内容不足，这既隐含着上文所分析的激励不足的问题，同时也普遍存在着成本约束的问题。

其次，我国比较试验机构普遍存在信息传播范围很小、传播渠道单一的问题。S 消委会作为地方机构，在全国还不具备强大的号召力，其所发布的信息仅在当地有一定的影响力。从比较试验信息的发布角度来看，消委会采用召开信息发布会和官方网站传播相结合的方式，并不能有效地提升其信息的传播范围。CR 杂志创刊近两年的时间里，其面向真实消费者始的销量，始终保持在 3000 份至 4000 份的水平，表明并没有获得消费者的认同，传播的范围非常小。同时，CR 作为一个营利性的机构，目前还迟迟未能找到一种有效的盈利模式，在此状态下，很难使用大量专门的经费用于机构和杂志本身的推广和宣传。

综合以上的分析可以看到的是，我国比较试验机构由于缺乏有效的激励机制的设计，缺乏标准的创新能力，并且在比较试验信息的传播上所存在的不足，共同导致了比较试验方法在我国经过了 20 年还未能有效建立的现状。但是，在这些不足的背后曾经有着我国宏观制度背景的深刻影响，也就是说，由于经济体制改革中滞后的体制性因素，包括社会组织的制度、标准体制的制度以及传媒出版业的制度，严重地限制了比较试验机构的发展。

三 本章小结

本章从比较试验方法在我国长期得不到建立的现实问题出发，选择了我国已经在开展比较试验测试的三个机构作为案例，描述了三种不同的比较试验模式目前的发展状态，并利用第二章中所建立的理论框架，分析我国比较试验方法始终无法建立的内在原因。正是由于制度环境所导致的比较试验机构激励机制设计的不足、标准创新与竞争的不足，以及信息传播的不足，使得比较试验机构的发展困难重重。然而，党的十八届三中全会以后国内各项改革的契机，使得比较试验方法在我国成功建立的可行性大为增加，在下一章中将做更详细的分析。

第六章 比较试验方法对我国产品质量治理的意义及政策建议

一 比较试验方法对我国产品质量治理的意义

(一) 有效缓解严重的产品质量信息不对称

随着我国消费社会的到来,快速激增直至过剩的消费品市场,使消费者一下子陷入了要从过多产品中选择的处境。不仅如此,我国改革开放(特别是1992年之后)的时期正好与发达国家与地区信息化革命的时期重合,因而需要面对更多质量信息的冲击。

1. 广告

我国从1979年1月4日在《天津日报》首次出现产品广告至今,广告业的增长超过了2万倍,从1979年的年营业额1000万元,增长至截至2010年的2340亿元,广告公司的数量也达到了24.3万户①,快速形成了一个充分竞争的行业。广告业的快速发展是由生产商强劲的需求和投入所促成的,在1994年以前消费品市场还未出现明显过剩时,生产商近乎疯狂地做广告,因为只要大力做广告就能塑造出"名牌"②。1994年以后这一现象逐渐改变,生产商即使投入巨资也未必能使产品销量高、盈利,这表明市场上出现的更多、竞争更激烈的产品和广告信息,使得消费者有了越来越多的选择余地和产品信息,同时也表明消费

---

① http://blog.sina.com.cn/s/blog_75d968030101b38z.html.
② http://www.docin.com/p-217949264.html.

者已置身于更加庞大、复杂的质量信息之中。

2. 产品复杂性与更新速度快速增加

我国的企业和消费者，都未曾经历发达国家和地区曾有过的由慢至快、渐进的产品发明与逐步创新过程，而是随着改革开放、特别是出口导向型政策的确立，似乎"一夜间"就完成了产品复杂性与更新速度的加速。在目前我国的消费品市场上，消费者几乎可以买到与发达国家和地区市场上相同或相似的所有产品，因而也与这些国家和地区的消费者一样，同样面临着由于产品复杂性与更新速度加快所造成的质量信息困境。比其他国家消费者更为不利的是，由于质量公共服务与消费者教育的长期缺失，我国的消费者在面对复杂性产品时，更加缺乏必要的常识与学习氛围，这也意味着更加严重的质量信息不对称现状。

3. 快速跨入互联网时代

我国的经济社会几乎与发达国家和地区在同一时间跨入互联网时代，并始终处于较为同步的发展之中。截至 2014 年 12 月，我国网站总数为 335 万个，网民规模达 6.49 亿人，网络购物用户规模达到 3.61 亿人，网民使用网络购物的比例从 48.9% 提升至 55.7%[1]，也就是 2.01 亿用户。这一组数据意味着，数以亿计的消费者在互联网上海量的数据信息中，希望搜寻到自身需要的产品质量信息，同时，在 Web2.0 与自媒体时代的共同作用下，这 2 亿互联网用户同时也是质量信息的制造者，更加增加了质量信息的数量与搜寻难度和成本。但是，在产品质量信息"爆炸式"增长的同时，正如第三章中所分析的那样，真正能被消费者方便使用的权威质量信息的比重却很小。

因此，从以上三个角度的分析可以看到，我国消费者已经明显处于质量信息严重不对称的时代，单就互联网时代所带来的"信息爆炸"而言，我国消费者所面临的质量信息不对称程度，就已经显著超过了发达国家和地区出现比较试验、甚至成功建立比较试验方法的时期。

（二）以满足需求的标准升级促进产品质量提升

在前文中已经提到，消费社会的特征表现在一个国家由短缺向丰裕的转变，以及实物消费向符号消费的转变。以这样两个标准来考察中国

---

[1] http://it.sohu.com/20150203/n408394292.shtml.

社会可以很容易发现，我国已经全面进入消费社会，并呈现出与以往社会显著不同的消费需求特征。

从开始确立计划体制的1953年到1978年开始改革开放的时间里，中国几乎不存在真正意义上的消费，而是一种分配。在那个什么都非常短缺的年代，政府作为全社会物资的生产者与分配者，规定了每一个人可以获得的物品和数量，根本就没有任何挑剔的余地。在1978年以后，全国范围内广泛进行的经济体制改革，释放了大量的、特别是农村的生产力，加之对外开放带来的进口商品的涌入，使得在20世纪90年代初期，就已基本解决了购物凭票、物资稀缺的问题。从20世纪90年代中后期开始，出现了比较明显的商品过剩的现象，特别是在食品与农产品、大众消费品等行业非常明显，而家用电器等耐用消费品也在城市、特别是东部地区城市得到了普及。这一时期的老百姓，才真正地从一个被动接受者变为一个主动选择的消费者，面对越来越丰盛的产品选择，开始变得越来越挑剔。这一时期的产品供给中，也开始出现比较显著的假冒伪劣现象，消费者面对层出不穷的产品种类和品牌，选择中也显得非常的困扰。现在，全社会的生产与消费都在以较快的速度每年递增，截止到2014年年底全年社会消费品零售总额已达262394亿元，同比增长10.9%。消费者不仅能够很方便地在生活和工作的区域附近，从大量的选择中买到所需的产品，还能通过便捷的电子商务买到全世界的产品。同时，耐用消费品在国内已经非常普及，从家用电器的普及率来看，20世纪90年代末期我国城镇居民的彩色电视机、洗衣机和电冰箱的普及率就已达到近100%、90%和80%[1]，又经过十五年的发展和"新农村建设""家电下乡"工程的推动，在农村地区也已达到了相当高的普及率。可以说经过三十多年的改革开放，我国经济社会已经完成了从短缺向丰裕的转变。

另一方面，中国社会早已出现非常明显的符号化特征，各种带有符号色彩的产品、特别是奢侈品，在中国都有非常好的销量。事实上，中国内地现在已经是全世界第二大（11%市场份额）的奢侈品消费市场，而中国消费者2014年在全球奢侈品消费达到1060亿美元（约合6400多亿元人民币），占全球总销售额的46%。[2] 以上的现实与数据都表明，

---

[1] http://xuewen.cnki.net/CJFD-XDJD199901010.html.

[2] http://www.chinabgao.com/info/80151.html.

我国早在20世纪90年代末期就已进入消费社会，而这与比较试验现象首次在中国出现的时期是较为吻合的。

进入21世纪以后，我国全社会的消费开始出现一些更加结构性的变化。一方面，开始出现以房产和汽车为代表的家庭大额固定资产的消费潮，以及耐用消费品在农村家庭的一轮大面积普及。这些物品的购置不论对于城市还是农村家庭来说，都是一个占了家庭财产重大份额的决策，生产商想尽一切方式来吸引消费者的购买，而消费者在慎重选择的心态之下，却并没有多少有效选择的手段。另一方面，全社会购买与消费的业态发生了翻天覆地的变化。互联网电子商务在不知不觉间，渗入到了几乎所有普通消费品、耐用消费品，还有各类服务的消费行为中，不仅为消费者带来了遍布全世界的所有商品，还使消费者同时处于信息透明与信息不对称并存的情境中。同时，互联网之外的实体销售，也逐渐开始向连锁化、平价超市化、品牌化的方向发展，个体经营的空间已越来越小。

由此可见，对社会发展时代背景的分析表明，我国的经济社会发展阶段已明显达到并超过发达国家和地区普遍建立比较试验方法的时期。

（三）激励社会组织与市场主体参与质量的共同治理

在第三章对政府质量监管绩效的分析中已经证明，当前我国的质量治理制度在经济效率的评估中是非常不合算的。这主要表现在，首先，我国现有的以政府监管为主导的质量治理制度，对消费者需求的供给能力严重不足。而产品质量的治理与消费者需求高度相关，这就需要通过制度以外的机制进行供给。其次，质量治理的核心是对标准和依据的管理。在我国，多个领域的国家标准长期得不到更新[1]，其核心原因就是政府缺乏更新标准的激励与能力。相反，比较试验方法在标准创新上的内在动力与能力，与我国在此方面的缺失正好形成了很好的互补。最后，政府长期在消费者质量信息的供给上成为主导性的权威角色，但其所能供给的信息量又完全无法满足消费者日益增长的质量信息需求，而比较试验机构的产品质量信息生产能力，正好满足了消费者的这一需求。

---

[1] 武汉大学质量发展战略研究院：《我国标准化体制实证研究》，2014。

二 我国建立比较试验方法的可行性

随着我国经济体制改革的深入，特别是党的十八大以后，全国多个领域开始面向更加市场化的治理体制转型，其中就包括比较试验方法建立所必需涉及的三个领域。

（一）社会组织管理制度的改革

M之所以通过复杂的方式来实现非营利企业的治理结构，正是因为在我国以往的社会组织管理体制中，普通公民若想要自愿组织结成一个社会组织，并不是一件容易的事情。在1998年颁布执行的《社会团体登记管理条例》中明确规定：

> "申请成立社会团体，应当经其业务主管单位审查同意"，但如果"在同一行政区域内已有业务范围相同或者相似的社会团体，没有必要成立的"，"登记管理机关不予批准筹备"，并且"社会团体不得从事营利性经营活动"。

对这些规定稍作分析就可以看出，只要各地的工商局稍作干预，在任何一个存在消费者协会的区域，要想设立一个从事比较试验的非营利组织都是不可能的。而且，即使允许设立这样的非营利组织，不得从事经营活动的规定也将使这一比较试验机构无法自我维持下去。

然而，2013年11月召开的十八届三中全会审议通过的《中共中央关于全面深化改革若干重大问题的决定》中，明确提出了要"加快转变政府职能，创新社会治理体制"，为社会组织管理制度的改革带来了政策契机。《决定》第48条要求：

> 激发社会组织活力。正确处理政府和社会关系，加快实施政社分开，推进社会组织明确权责、依法自治、发挥作用。适合由社会组织提供的公共服务和解决的事项，交由社会组织承担。支持和发展志愿服务组织。限期实现行业协会商会与行政机关真正脱钩，重点培育和优先发展行业协会商会类、科技类、公益慈善类、城乡社

区服务类社会组织，成立时直接依法申请登记。加强对社会组织和在华境外非政府组织的管理，引导它们依法开展活动。

根据《决定》要求，民政部与国务院法制办协调修订出台《社会团体登记管理条例》等行政法规，并制定《四类直接登记社会组织认定标准》和《全国性社会组织直接登记暂行办法》，积极推动地方开展直接登记。同时，民政部还将推进社会组织信息公开，制定出台《社会团体信息公开办法》等配套规章规范性文件，要求定期披露财务收支和重要业务活动等信息，主动接受社会公众和会员的监督。[①]

不仅如此，在国内某些地区已经开始试点社会团体的直接登记制度。如深圳市的福田区，已实行对教育、社会福利类社会组织实施简化登记，对行业协会、群众文化体育类民非、心理咨询类民非、社会服务类民非、社会服务类社团5类实行直接登记。之后，除法律法规规定需前置审批的社会组织、政治法律类、宗教类、社科研究类等社会组织以及境外非政府组织在华代表机构等之外，其他类别社会组织将逐步推行直接登记，最终实现全部直接登记。

也就是说，在全面放松对社会组织管制的改革背景之下，比较试验机构获得了较为容易的成立和经营的机会，充分的进入者是建立比较试验方法的重要条件之一。

（二）标准体制的改革

在前文的分析中，已经多次证明了标准的创新对比较试验方法的重要性，同时也多次证明了我国现行的标准体制对质量治理绩效的拖累，以及对于建立比较试验方法的约束性。这一制度约束有望在不远的将来得到极大的改变，2015年3月26日由国务院印发的《深化标准化工作改革方案》中明确提出：

> 坚持简政放权、放管结合、国际接轨、统筹推进的原则，明确了6个方面的改革措施……二是整合精简强制性标准。逐步将现行强制性国家标准、行业标准和地方标准整合为强制性国家标准。强

---

① http://www.yicai.com/news/2014/09/4022858.html.

制性国家标准由国务院批准发布或授权批准发布。三是优化完善推荐性标准。进一步优化推荐性国家标准、行业标准、地方标准体系结构，推动向政府职责范围内的公益类标准过渡，逐步缩减现有推荐性标准的数量和规模。四是培育发展团体标准。鼓励具备相应能力的学会、协会、商会、联合会等社会组织和产业技术联盟，协调相关市场主体共同制定满足市场和创新需要的标准，增加标准的有效供给。

在这样的改革预期之下，比较试验机构能够独立地自主制定不同于政府标准的更高质量标准，为比较试验机构自主创新标准提供了相应的制度环境。

（三）互联网发展提供的平台与机遇

虽然我国在期刊等纸质出版物的出版发行上还存在较为严格的限制，但于2012年8月颁布的《新闻出版总署关于支持民间资本参与出版经营活动的实施细则》中，对于民间资本从事图书、报纸、期刊、音像制品、电子出版物等出版产品发行经营活动，给予了更加宽松与支持性的政策预期。

不仅如此，互联网已成为实质上最有效、最广泛的信息传播平台。国际上比较试验机构发展的经验显示，消费者通过互联网来获取、查看比较试验信息的需求持续地上升，而纸质刊物的订阅数量则在逐年下降。这表明，比较试验机构即使没有一本公开发行的可供刊登相关信息的刊物，同样可以向消费者广泛的传播其生产的测试信息，互联网在我国的飞速发展为比较试验方法的建立提供了有效的信息传播平台。

在以上改革的契机与信息传播环境改善的共同作用下，可以预期在不远的将来，比较试验方法能够在我国有效地建立起来，并开始逐步发挥其应有的作用。如果我国能够在消费品市场上，形成由少数几个面向综合性消费品的大型比较试验机构主导，大量中小型综合性、专业性比较试验机构差异化发展的格局，将显著改善我国产品质量治理的绩效。这一绩效的改善主要表现在，通过显著提升社会上独立第三方质量信息的产出与传播能力这一直接的行为，促使产品生产商具备内生的动力而显著提升高质量产品的产出能力，最终由于部分高于一般消费需求消费者的付出,而影响全社会商品、服务等质量水平的上升。特别是在经济效率的提升能力上将非常显著,能够在几乎不增加政府质量监管财政投入①的基础上,为社会产出以上的信息产品与高质量产品,在此过程中由于独立于政府之外,能够有效地避免诸如"搭便车"成本、寻租成本和腐败成本在内的大量交易成本,提升全社会质量治理的效率。

三　比较试验方法建立的路径

(一) 由政府参与设立比较试验机构

在以上部分的研究中已经充分地证明了,政府和企业这两类主体,都不适合直接设立和管理比较试验机构。但是,在中国当前的制度环境下,若完全依赖现有比较试验机构从试错到破茧而出,或是等待社会组织管理办法改革就绪之后,出现一批新的比较试验社会组织待其缓慢生长,对于我国目前的质量治理现状来说,都是一个较为遥远、且机会成本颇高的不合算选择。核心原因在于,社会组织型比较试验机构的设立,不仅需要一大笔完全不求资本回报的公益性初始资金,还需要同时满足知识与技术较高的进入门槛,而要想同时满足这两个条件并不是一件容易的事情。加之现阶段中国老百姓对于社会组织的接触与理解相对滞后,而对于政府的信任感则非常显著,因此,有必要通过政府参与的方式来设立非营利组织性质的比较试验机构。

对国内现有资源的考察可以发现,有这样几条可能的路径:

1. 依托中国消费者协会及其分支机构

在我国已有的比较试验实践中,中国消费者协会及其在各省的分支机构,均有较长时间从事比较试验的实际经验,虽然目前的尝试还存在一些不足,但这其中某些不足可以在制度环境的转变之下得到纠正。同时,在国家政社分开改革的要求之下,中消协及其分支机构必须与工商总局及各地工商局实质性地脱钩,将全国消协系统的机构整合为一个独立的比较试验机构,是政府介入设立比较试验机构的一种选择。

但是,这种路径的风险在于,全国消协系统的分支机构过于庞大,

---

① 减税的总额相对于政府每年投入到质量监管中的财政负担,这一比例几乎可以忽略不计。

县以上消费者协会已达 3138 个，工作人员超过 3 万人，且绝大部分工作人员的专长在于消费者维权，而不是适用比较试验的产品标准制定、消费需求调查和质量信息传播，因而可能并不是一个较好的选择。

2. 整合国有质量技术机构资源

在我国检验检测认证行业国有事业单位改革的背景之下，国有质量技术机构存在较为紧迫的整合与改革需要。参照 CU 自主建设、运行绝大部分检测实验室的运营模式，可以采用的一种路径就是，选择国内几家测试产品类型和资质互补、且具备较强检验检测实力的质量技术机构，以其为依托增加、配备比较试验机构所需的人才，成立一个重资产运营的比较试验机构。

以中国超过美国 3 倍以上的消费者数量来看，理论上看运营成本能够在庞大的潜在消费市场中得以摊销。但是，这样一种路径仍存在的风险是，大量固定资产的存在，使得机构自身的灵活性与市场适应能力受到了局限。

3. 重新设立

第三种政府参与设立比较试验机构的路径，就是参照 SW 的模式，由政府重新设立一个专门从事比较试验的机构，从登记的第一天起就是一个不挂靠于任何政府部门、没有业务指导单位的社会团体。

综合利弊的评估，以上三种路径当中，第二种与第三种路径是较好的选择。然而，不论政府选择两者中的哪一条路径，都不允许接受任何来自于企业的赞助，自然也免不了政府对此机构的人、财、物多方资源的投入，而政府的投入就意味着政府潜在的干预。因此，在由政府参与设立比较试验机构的任何一条路径中，都必须要设计政府初期资助的退出机制，如在机构章程中明确规定一定年限之后政府停止对其拨款，以及机构负责人任免的制衡机制，如会员投票制、监督委员会制等。只有合理设计的激励相容机制，特别是消费者利益在其中的主导性机制，才能真正实现由政府参与设立的比较试验机构，仍然能够完全代表消费者利益而运营。

（二）设计比较试验机构的竞争与监督机制

为使比较试验方法能够更快、更有效地在中国建立，特别是用较短的时间建立起在消费者心中的地位与信用，并且防止可能来自产业和政府的干预，非常有必要设计比较试验机构间的竞争与监督机制。

1. 竞争机制

不论政府选择哪一条或几条比较试验机构的设立路径，都应当设立不少于3家大型的、面向综合性消费品测试的比较试验机构，使这些机构在相互的竞争中互相监督，由市场来选择比较试验信息质量最好的机构。

2. 比较试验机构内部的监督机制

在政府参与设立的比较试验机构内部，应当学习 SW 所设计的制衡机制，更多地引入无利益关系的外部专家、行业组织、消费者组织等第三方力量的加入，使比较试验机构的决策不能仅由单一主体、特别是政府主体决定，特别是在比较试验标准的指定、结果的产生与发布中，必须建立无法受到行政与产业利益干预的内部治理结构。

3. 行业外部的监督约束机制

由政府参与设立的比较试验机构，即使有几家寡头形成有限竞争的格局，同样存在政府对其进行干预的风险。因此，比较试验机构设立完毕之后，必须强制性地加入 ICRT，接受国际组织规则和国际同行的监督与约束。同时，鼓励国内其他非政府性质的机构参与比较试验，通过竞争性的比较试验信息供给，来实现对政府参与设立机构的竞争性监督和约束。

4. 信息公开机制

基于对非营利性比较试验机构的管理，应当设计需要定期披露的信息公开目录，特别是诸如财务收支、重大事项等信息必须在网站上进行公开，接受社会各方的监督。

（三）比较试验测试标准的保护

从发达国家和地区的经验来看，比较试验机构一旦开始测试产品并发布测试结果，则必然会碰到测试标准被企业攻击、甚至告上法庭的事例。对于比较试验方法的质量治理功能来说，最核心的资产就是比较试验机构自主制定高于政府、行业标准的能力。因此，一旦在我国同样发生类似的测试标准被攻击的情况，司法机构应当将判决的重点放在证明比较试验机构操作程序的合规性上，而不是是否对企业带来了不利的影响。

四　本章小节

本章从比较试验方法在我国长期得不到建立的现实问题出发，首先考察了当前在我国建立比较试验方法的现实必要性，不论是我国经济社会到来所呈现的时代背景，消费者在信息爆炸时代所面临的严重信息不对称的困惑，还是补充政府质量治理能力的现实需要，都表明比较试验方法在我国的建立具有很强的必要性和紧迫性。十八届三中全会以后国内各项改革的契机，使得比较试验方法在我国成功建立的可行性大为增加。因此，本章还提出了由政府参与设立比较试验机构的政策建议，以及设计相应竞争与监督机制的政策建议。

第七章 结论与展望

一 主要研究结论

归纳起来，本书的研究结论有这样几个：

第一，从产品质量治理的主体而言，政府作为我国当前占绝对主导性地位的治理主体，并未能起到良好的治理效果和经济效率，然而对发达国家和地区的实证研究表明，比较试验机构作为政府之外的一类产品质量治理主体，却实现了较好的治理效果和经济效率。导致这一现象的核心原因，就是产品质量治理行为中的制度激励因素。对于政府这一治理主体来说，行政官僚制度的体制就决定了政府无法通过有效的手段，使得政府内的工作人员获得足够的激励，进而为消费者收集、处理和传播有效数量的产品质量信息。但是，比较试验机构由于其普遍采用的非营利组织的治理结构，使得消费者这一产品质量相关的最核心利益主体，成为了比较试验机构维持运营的实际出资人，因而对比较试验机构提供了足够的制度激励。这一激励机制中，比较试验机构只有通过从消费者的需求和利益出发，在有限资源下最大限度地生产最符合消费者需求的产品质量信息，并在最大范围内传播所生产的信息并被消费者认同和购买，才能使得机构获得可持续发展。同时，比较试验机构间的竞争，筛选出最被消费者所认同的机构和产品质量标准，此时的政府和产品生产企业虽然成为了比较试验方法中的"搭便车者"，但最终的结果却是由于各个利益主体间的激励相容，导致了比较试验方法对产品质量的有效治理。

第二，比较试验方法在政府与企业主体之外，创新了一种新的产品质量治理标准。在我国现有的标准体制下，政府作为所有公共标准的唯一制定者，限制了企业生产更高质量产品的动力。即使是在发达国家和地区有行业标准存在的情况下，由于行业标准天然的企业导向性质，使得产品质量并不能真正有效满足消费者的质量需求。但是，在比较试验机构所创造的产品质量标准中，政府标准和行业标准都只是比较试验测试标准中的底线，设计标准的原则就是在此之上符合消费者要求的产品标准。比较试验机构的测试标准与政府标准和行业标准最大的区别在于，比较试验测试标准并不是一个纯粹的技术标准，而是最大限度地将消费者的安全要求和体验感受，纳入产品测试的标准当中。在这里，标准不再是技术指标的表达，而是消费者需求的显示与表达。

第三，信息的传播对于比较试验方法的产品质量治理行为来说至关重要。在我国现行的政府质量治理中，政府主体缺少足够的动力来主动传播产品质量信息，使得本就数量较少的信息更加无法起到治理的作用。然而在比较试验方法的治理中，比较试验机构拥有足够的动力来传播其所生产的比较试验信息，同时由于信息本身对于消费者所具有的消费决策支撑价值，比较试验机构采用了一系列的信息传递策略，最大化地扩大比较试验测试信息的传播范围和提高传播效率。这一传播的结果，既使更多的消费者获得了产品质量信息，提升了产品质量治理的效率，同时也使得比较试验机构自身获得了更多消费者的认同，进而获得了更多的信息销售收入，形成了一个多赢的治理机制。

同时，本书对我国现有的代表性比较试验机构进行了分析，认为目前这些机构的运行还不够成功的原因，首先，就来自于这些机构普遍不具有独立第三方非营利组织的治理结构，以及由此而导致的机构运行中所暴露出的激励不足与信息传递低效的问题；其次，我国标准体制对于比较试验机构自主制定测试标准的限制，使得这些机构的测试结果难以真正地打动消费者，并使消费者为此而付费；最后，本书还基于当前我国体制改革所存在的契机，为比较试验方法未来在我国的发展，提出了相应的政策建议。

二　进一步的研究方向

本书对于比较试验方法在中国产品质量治理中的研究，还有一些问题没有展开论证，但仍值得做进一步的研究。

第一，在我国当前社会组织管理制度逐渐放开的背景下，虽然对于比较试验机构的注册与成立有了较好的基础，但作者调研的结果显示，现实中想要注册成为一家非营利性质的比较试验机构，仍然存在诸多政策性和操作层面的障碍。因此，在现有的社会组织管理改革的预期之下，如何在我国真正建立第三方非营利性质的比较试验机构的机制设计，是未来可进一步研究的一个方向。

第二，在标准化体制改革的框架之下，团体标准作为我国一类被政府认可的新的标准类型，开始正式进入我国市场经济的范畴。虽然我国已有一些行业组织拥有一定的团体标准制定经验，但现有的比较试验机构中，还没有一家机构真正拥有自主制定团体标准的经验和能力。因此，对于比较试验方法中具体产品测试标准的制定研究，包括基于不同国别消费者的差异化的质量需求，对国内外相同产品测试标准的对比研究，也是未来可进一步研究的一个方向。

参考文献

[1] Abbott, L., *Vertical Equilibrium Under Pure Quality Competition*, The American Economic Review, 1953, 43 (5): 826 – 845.

[2] Akerlof, G. A., *The Market for "Lemons": Quality Uncertainty and the Market Mechanism*, The Quarterly Journal of Economics, 1970, 84 (3): 488 – 500.

[3] Albrecht, A. J., *Measuring Application Development Productivity*, Proceedings of the Joint SHARE/GUIDE/IBM Application Development Symposium, 1979, 10: 83 – 92.

[4] Archibald, G. C., Rosenbluth G., *The "New" Theory of Consumer Demand and Monopolistic Competition*, The Quarterly Journal of Economics, 1975, 89 (4): 569 – 590.

[5] Archibald, R. B., Haulman C. A., Moody Jr C. E., *Quality, Price, Advertising, and Published Quality Ratings*, Journal of Consumer Research, 1983, 19 (3): 347 – 356.

[6] Arrow, K. J., *Social Choice and Individual Values*, Yale University Press, 2012.

[7] Barzel, Y., *Management Cost and the Organization of Markets*, Journal of Law and Economics, 1982, 25 (1): 27 – 28.

[8] Beem, E. R., Ewing J. S., Business Appraises Consumer Testing Agencies, Harvard Business Review, 1954, 32 (2): 113 – 126.

[9] Beem, E. R., *Consumer Financed Testing and Rating Agencies in the United States*, Graduate School of Arts and Sciences, University of

Pennsylvania, 1951.

[10] Beier, U. , *Entscheidungsbedingte Kaufkraftverluste: Formen, Umfang und verbraucherpolitische Relevanz*, Zeitschrift für Verbraucherpolitik, 1978, 2 (2): 159–171.

[11] Bilodeau, M. , Slivinski A. , *Volunteering Nonprofit Entrepreneurial Services*, Journal of Economic Behavior & Organization, 1996, 31 (1): 117–127.

[12] Bingham, L. B. , Nabatchi T. , O'Leary R. , *The New Governance: Practices and Processes for Stakeholder and Citizen Participation in the Work of Government*, Public Administration Review, 2005, 65 (5): 547–558.

[13] Böhm, J. W. , Thomas, S. H. , Spiller A. , *Preis–Qualitäts–Relationen im Lebensmittelmarkt: Eine Analyse auf Basis der Testergebnisse der Stiftung Warentest*, Universität Göttingen, 2007.

[14] Brewer, J. , Porter, R. , *Consumption and the World of Goods*, Routledge, 1994.

[15] Brewer, J. , "Was können wir aus der Geschichte der frühen Neuzeit für die moderne Konsumgeschichte lernen", Siegrist, H. , H. Kaelble, J. Kocka (Hg.) (1997): *Europäische Konsumgeschichte. Zur Gesellschafts– und Kulturgeschichte des Konsums* (18. bis 20. Jahrhundert), Frankfurt/New York: Campus, 1997: 51–74.

[16] Buchanan, J. M. , Tullock G. , *The Calculus of Consent*, Ann Arbor: University of Michigan Press, 1962.

[17] Campbell, D. T. , *Downward Causation in Hierarchically Organized Biological Systems*, Studies in the Philosophy of Biology: Reduction and Related Problems, 1974: 179–186. London/Basingstoke: Macmillan.

[18] Chamberlin, E. H. , *The Product as an Economic Variable*, The Quarterly Journal of Economics, 1953, 67 (1): 1–29.

[19] Coase, R. H. , *The Nature of the Firm*, Economica, 1937, 4 (16): 386–405.

[20] Darby, M. R. , Karni, E. , *Free Competition and the Optimal Amount*

of Fraud, Journal of Law and Economics, 1973, 16 (1): 67 – 88.

[21] Deming, W. E., *Out of the Crisis*, Massachusetts Institute of Technology, Center for Advanced Engineering Study, Cambridge, MA, 1986.

[22] Denison, E. F., *Why Growth Rates Differ; Postwar Experience in Nine Western Countries*, Washington: The Brookings, 1967.

[23] Diehl K., Kornish L. J., Lynch J. G., *Jr. Smart Agents: When Lower Search Costs for Quality Information Increase Price Sensitivity*, Journal of Consumer Research, 2003, 30 (1): 56 – 71.

[24] Diller, H., *Der Preis als Qualitätsindikator*, Die Betriebswirtschaft, 1977, 37 (2): 219 – 233.

[25] Diller, H., *Die Preis – Qualitäts – Relation von Konsumgütern im 10 – Jahresvergleich*, Die Betriebswirtschaft, 1988, 48 (2): 195 – 200.

[26] Downs, A., *Rand Corporation. Inside Bureaucracy*, Boston: Little, Brown, 1967.

[27] Dupreé, R., *Regulating the Queébec Dairy Industry, 1905 – 1921: Peeling off the Joseph Label*, The Journal of Economic History, 1990, 50 (2): 339 – 348.

[28] EG – Kommission, *Der Europäische Verbraucher: Seine Sorgen, Anliegen und seine Information, Berichtsband*, Brüssel: EG – Kommission, 1976.

[29] Engel, J. F., Blackwell, R. D., *Miniard P W. Consumer Behavior, 8th*, New York: Dryder, 1995.

[30] Epple, D., Raviv, A., *Product Safety: Liability Rules, Market Structure, and Imperfect Information*, The American Economic Review, 1978, 68 (1): 80 – 95.

[31] Feddersen, T. J., Gilligan T. W., *Saints and Markets: Activists and the Supply of Credence Goods*, Journal of Economics & Management Strategy, 2001, 10 (1): 149 – 171.

[32] Friedman, M. P., *Quality and Price Considerations in Rational Consumer Decision Making*, Journal of Consumer Affairs, 1967, 1 (1): 13 – 23.

[33] French, M., Phillips, J., *Cheated Not Poisoned? Food Regulation*

in the United Kingdom, 1875 – 1938, Manchester: Manchester University Press, 2000.

[34] Fritz, W., Hilger H., Raffée, H., *Testnutzung und Testwirkungen im Bereich der Konsumgüterindustrie*, Warentest und Unternehmen, 1984: 201 – 227.

[35] Goldberg L. R., *Man Versus Model of Man: A Rationale, Plus Some Evidence, for a Method of Improving on Clinical Inferences*, Psychological Bulletin, 1970, 73 (6): 422.

[36] Hamilton, S. F., Sunding, D. L., Zilberman, D., *Public Goods and the Value of Product Quality Regulations: The Case of Food Safety*, Journal of Public Economics, 2003, 87 (3): 799 – 817.

[37] Hansmann, H. B., *The Role of Nonprofit Enterprise*, Yale Law Journal, 1980: 835 – 901.

[38] Havrilesky, T. M., *Information and Economic Analysis*, The ANNALS of the American Academy of Political and Social Science, 1974, 412 (1): 64 – 79.

[39] Haustein, S., *Vom Mangel zum Massenkonsum: Deutschland, Frankreich und Großbritannien im Vergleich 1945 – 1970*, Campus Verlag, 2007.

[40] Hayek, F. A., *The Fatal Conceit: The Errors of Socialism*, University of Chicago Press, 2011.

[41] Hempel, D. J., *An Experimental Study of the Effects of Information on Consumer Product Evaluations*, University of Minnesota, 1966.

[42] Hicks, J. R., *Economic Theory and the Evaluation of Consumers' Wants*, Journal of Business, 1962, 35 (3): 256 – 263.

[43] Hilton, M., *Consumers and the State Since the Second World War*, The Annals of the American Academy of Political and Social Science, 2007, 611 (1): 66 – 81.

[44] Hobbs, J. E., *Information Asymmetry and the Role of Traceability Systems*, Agribusiness, 2004, 20 (4): 397 – 415.

[45] Houthakker, H. S., *Compensated Changes in Quantities and Qualities Consumed*, The Review of Economic Studies, 1952, 19 (3): 155 – 164.

[46] Hurwicz, L., *Optimality and Informational Efficiency in Resource Allo-*

cation Processes, Stanford University Press, 1960.

[47] Hurwicz, L., *The Design of Mechanisms for Resource Allocation*, The American Economic Review, 1973, 63, (2): 1 – 30.

[48] ISO, *The Consumer and Standards Guidance and Principles for Consumer Participation in Standards Development*, Geneva: ISO, 2003.

[49] James, E., *Why Do Different Countries Choose A Different Public – Private Mix of Educational Services?*, Journal of Human Resources, 1993, 28 (3): 571 – 592.

[50] Joshi, A. H., *Analyzing the Impact of Increasing Consumer Awareness among Today's Youth Consumers*, Maharaja Krishnakumarsinhji Bhavnagar University, 2013.

[51] Judge Robert, C., *Zampano*, *United States District Court*, *Consumers Union of the United States*, Inc. vs Theodore Hamm Brewing Co., 314 F. Supp. 687 (1970): 700.

[52] Kleinschmidt, C., *Der produktive Blick: Wahrnehmung amerikanischer und japanischer Management – und Produktionsmethoden durch deutsche Unternehmer 1950 – 1985*, Berlin: Akademie Verlag, 2002.

[53] Krislov, S., *How Nations Choose Product Standards and Standards Change Nations*, University of Pittsburgh Press, 1997.

[54] Katz, E., *Lazarsfeld P F. Personal Influence, The Part Played by People in the Flow of Mass Communications*, Transaction Publishers, 1970.

[55] Kleinschmidt, C., *Comparative Consumer Product Testing in Germany*, Business History Review, 2010, 84 (1): 105 – 124.

[56] Kotler, P., Keller, K. L., Ancarani, F., *Marketing Management 14/e*, Pearson, 2014.

[57] Lancaster, K. J., *Consumer Demand: A New Approach*, New York, 1971.

[58] Law, M. T., *The Origins of State Pure Food Regulation*, Journal of Economic History, 2003, 63 (4): 1103 – 1130.

[59] Leland, H. E., *Quacks, Lemons, and Licensing: A Theory of Minimum Quality Standards*, The Journal of Political Economy, 1979, 87 (6): 1328 – 1346.

[60] Leonard, F. S., Sasser, W. E., *The Incline of Quality*, Harvard

Business Review, 1982, 60 (5): 163 – 171.

[61] Lynch, Jr J. G., Ariely, D., *Wine Online: Search Costs Affect Competition on Price, Quality, and Distribution*, Marketing Science, 2000, 19 (1): 83 – 103.

[62] Marquardt, R. A., McGann, A. F., *Does Advertising Communicate Product Quality to Consumers? Some Evidence from Consumer Reports*, Journal of Advertising, 1975, 4 (4): 27 – 31.

[63] Maskin, E., Riley, J., *Monopoly with Incomplete Information*, The RAND Journal of Economics, 1984, 15 (2): 171 – 196.

[64] Maynes, E. S., *The Concept and Measurement of Product Quality*, Household Production and Consumption. NBER, 1976: 529 – 584.

[65] McKelvey, R. D., *Intransitivities in Multidimensional Voting Models and Some Implications for Agenda Control*, Journal of Economic Theory, 1976, 12 (3): 472 – 482.

[66] Morris, R. T., *Consumers Union: Methods, Implications, Weaknesses & Strengths*, Litfield Publication, 1971.

[67] Morris, R. T., Block, B., *The Instability of Quality: As Revealed in 10 Consumers Union Studies of Sunburn Preventatives 1936 – 1966*, Journal of Consumer Affairs, 1968, 2 (1): 39 – 47.

[68] Morris, R. T., Bronson, C. S., *The Chaos of Competition Indicated by Consumer Reports*, The Journal of Marketing, 1969, 33 (3): 26 – 34.

[69] Morris, R. T., Bronson, C. S., *The Potential Loss in Money Income to the American People by Haphazard Purchasing*, Journal of Consumer Affairs, 1970, 4 (2): 103 – 112.

[70] Nelson, P., *Information and Consumer Behavior*, The Journal of Political Economy, 1970, 78 (2): 311 – 329.

[71] Oi, W. Y., *The Economics of Product Safety*, The Bell Journal of Economics and Management Science, 1973, 4 (1): 3 – 28.

[72] Oxenfeldt, A. R., *Consumer Knowledge: Its Measurement and Extent*, The Review of Economics and Statistics, 1950, 32 (4): 300 – 314.

[73] Parasuraman, A., Zeithaml, V. A., Berry, L. L., *A Conceptual Model of Service Quality and Its Implications for Future Research*, The

Journal of Marketing, 1985, 49 (4): 41 – 50.

[74] Phillips, L. W., Chang D. R., Buzzell R. D., *Product Quality, Cost Position and Business Performance: A Test of Some Key Hypotheses*, Journal of Marketing, 1983, 47, 26 – 43.

[75] Plott, C. R., *A Notion of Equilibrium and Its Possibility under Majority Rule*, The American Economic Review, 1967, 57 (4): 787 – 806.

[76] Radnitzky, G., *Cost – Benefit Thinking in the Methodology of Research: The "Economic Approach" Applied to Key Problems of the Philosophy of Science*, New York: Paragon House, 1987.

[77] Raffée, H., Fritz, W., *The Effects of Comparative Product Testing on Industry and Trade: Findings of A Research Project*, Journal of Consumer Policy, 1984, 7 (4): 423 – 437.

[78] Riesz, P. C., *Price Versus Quality in the Marketplace*, 1961 – 1975, Journal of Retailing, 1978, 54 (4): 15 – 28.

[79] Salamon, L. M., *The Tools of Government: A Guide to the New Governance*, Oxford University Press, 2002.

[80] Sargent, H. W., *The Influence of Consumer – product Testing and Reporting Services on Consumer Buying Behavior*, University of Illinois at Urbana – Champaign, 1958.

[81] Schwartz, A., Wilde, L. L., *Intervening in Markets on the Basis of Imperfect Information: A Legal and Economic Analysis*, University of Pennsylvania Law Review, 1979: 630 – 682.

[82] Seligman, M. E. P., *The Effectiveness of Psychotherapy: The Consumer Reports Study*, American Psychologist, 1995, 50 (12): 965.

[83] Shah, R. B., Khan, M. A., *The Evolution of FDA's Role in Ensuring Product Quality*, Pharmaceutical Technology, 2007, 31 (7): 52.

[84] Shapiro, C., *Consumer Information, Product Quality, and Seller Reputation*, The Bell Journal of Economics, 1982, 13 (1): 20 – 35.

[85] Silberer, G., Henning, C., Steinmann, S., *Online Advertising by Tell – a – Friend Services*, Advances in Advertising Research (Vol. III). Gabler Verlag, 2012: 219 – 233.

[86] Silberer, G., *The Impact of Comparative Product Testing upon Con-

sumers: Selected Findings of AResearch Project, Journal of Consumer Policy, 1985, 8（1）: 1 - 27.

［87］ Silberer, G. , Fünf Jahrzehnte Stiftung Warentest - Entwicklung einer Testinstitution im Lichte ökonomischer Zwänge und ordnungspolitischer Vorstellungen, Zeitschrift für Unternehmensgeschichte/Journal of Business History, 2014, 59（2）: 220 - 245.

［88］ Slater, D. , Tonkiss, F. , Market Society: Markets and Modern Social Theory, John Wiley & Sons, 2013.

［89］ Solomon, M. R. , Polegato, R. , Zaichkowsky, J. L. , Consumer Behavior: Buying, Having, and Being, Upper Saddle River, NJ: Pearson Prentice Hall, 2009.

［90］ Spence, M. , Consumer Misperceptions, Product Failure and Producer Liability, The Review of Economic Studies, 1977, 44（3）: 561 - 572.

［91］ Sproles, G. B. , New Evidence on Price and Product Quality, Journal of Consumer Affairs, 1977, 11（1）: 63 - 77.

［92］ Steenkamp, J. B. E. M. , Product Quality An Investigation Into the Concept and How It Is Perceived by Consumers, Van Gorsum. Assen-Maastricht, 1989.

［93］ Stiftung Warentest. , Leseranalyse 1975 Unveröffentlichter Bericht, Berlin: Stiftung Warentest, 1975.

［94］ Stiftung Warentest, Stiftung Warentest: Making a Market for Consumers, Berlin: Stiftung Warentest, 1994.

［95］ Stigler, G. J. , The Economics of Information, The Journal of Political Economy, 1961, 69（3）: 213 - 225.

［96］ Stigler, G. J. , The Theory of Economic Regulation, The Bell Journal of Economics and Management Science, 1971, 2（1）: 3 - 21.

［97］ Stiglitz, J. E. , Information and Economic Analysis: A Perspective, The Economic Journal, 1985, 95: 21 - 41.

［98］ Stoker, G. , Public Value Management A New Narrative for Networked Governance?, The American Review of Public Administration, 2006, 36（1）: 41 - 57.

［99］ Takeuchi, H. , Quelch, J. , Quality Is More Than Making AGood

Product, Harvard business review, 1983, 61 (4): 139 – 145.

[100] Theien, I., *From Information to Protection. Consumer Politics in Norway and Sweden in the 1960s and 1970s*, Consumer Protection in International Perspective, edited by C. Kleinschmid, 2006: 29 – 43.

[101] Thorelli, H. B., *Qualities, Prices and Budget Enquiries*, The Review of Economic Studies, 1952, 19 (3): 129 – 147.

[102] Thorelli, H. B., Becker, H., Engledow, J., *The Information Seekers: An International Study of Consumer Information and Advertising Image*, Cambridge, Mass.: Ballinger, 1975.

[103] Thorelli, H. B., Thorelli, S. V., *Consumer Information Handbook: Europe and North America*, Ballinger Pub. Co, 1974.

[104] Thorelli, H. B., Thorelli, S. V., *ConsumerInformation Systems and Consumer Policy*, Ballinger Pub. Co, 1977.

[105] Thorelli, H. B., *Testing, Labelling, Certifying: A Perspective on Consumer Information*, European Journal of Marketing, 1970, 4 (3): 126 – 132.

[106] Trumbull, G., *National Varieties of Consumerism*, Jahrbuch für Wirtschaftsgeschichte/Economic History Yearbook, 2006, 47 (1): 77 – 94.

[107] Weisbrod, B. A., "Toward A Theory of The Voluntary Non – Profit Sector in AThree – Sector Economy", Phelps E. *Altruism, Morality and Economic Theory*, New York: Russell Sage Foundation, 1975: 171 – 195.

[108] Weisbrod, B. A., *The Nonprofit Economy*, Harvard University Press, 2009.

[109] Weitzman, M. L., *On Diversity*, The Quarterly Journal of Economics, 1992, 107 (2): 363 – 405.

[110] Williamson, O. E., *Markets and Hierarchies*, New York: Free Press, 1975: 26 – 30.

[111] Wildt, M., *Vom kleinen Wohlstand: eine Konsumgeschichte der fünfziger Jahre*, Fischer – Taschenbuch – Verlag, 1996.

[112] Yasuda, T., *Food Safety Regulation in the United States An Empiri-*

cal and Theoretical Examination, Independent Review, 2010, 15 (2): 201-226.

[113] 《饮用天然矿泉水国家标准》(GB8537—2008), 中国标准出版社 2008 年版。

[114] 《质量管理体系要求》(GB/T 19001—2008/ ISO 9001: 2008), 中国标准出版社 2008 年版。

[115] [美] 奥尔森: 《集体行动的逻辑》, 陈郁等译, 上海三联书店 1995 年版。

[116] [美] 奥斯本、盖布勒: 《改革政府: 企业精神如何改革着公营部门》, 周敦仁等译, 上海译文出版社 1996 年版。

[117] 奥斯特罗姆、施罗德、幽泓: 《制度激励与可持续发展: 基础设施政策透视》, 上海三联书店 2000 年版。

[118] [法] 鲍德里亚: 《消费社会》, 刘成富、全志钢译, 南京大学出版社 2001 年版。

[119] 陈艳莹、杨文璐: 《集体声誉下最低质量标准的福利效应》, 《南开经济研究》2012 年第 1 期。

[120] 程虹: 《2012 年中国质量状况——消费者感知与模型构建》, 《宏观质量研究》2013 年第 1 期。

[121] 程虹: 《宏观质量管理》, 湖北人民出版社 2009 年版。

[122] 程虹、陈昕洲、罗连发: 《质量强国战略若干重大问题研究》, 《宏观质量研究》2013 年第 3 期。

[123] 程虹、范寒冰、罗英: 《美国政府质量管理体制及借鉴》, 《中国软科学》2012 年第 12 期。

[124] 程虹、范寒冰、肖宇: 《企业质量安全风险有效治理的理论框架——基于互联网信息的企业质量安全分类模型及实现方法》, 《管理世界》2012 年第 12 期。

[125] 程虹、李丹丹、范寒冰: 《宏观质量统计与分析》, 北京大学出版社 2011 年版。

[126] 程虹、刘芸: 《利益一致性的标准理论框架与体制创新——"联盟标准"的案例研究》, 《宏观质量研究》2013 年第 2 期。

[127] 程鉴冰: 《最低质量标准政府规制研究》, 《中国工业经济》2008 年第 2 期。

[128] [美] 道格拉斯·C. 诺思：《经济史中的结构与变迁》，陈郁、罗华平译，上海人民出版社1994年版。

[129] 范寒冰：《关于实验室认可的一点想法》，http：//www.iqds.whu.edu.cn/info/1179/8413.htm。

[130] 龚强、张一林、余建宇：《激励，信息与食品安全规制》，《经济研究》2013年第3期。

[131] 龚一帆、李明建、史艳华：《〈农产品质量安全法〉出台背景及亮点解读》，《中国蔬菜》2006年第7期。

[132] 郭力生、张丽莉、凌善康：《美国实验室认可制度简介》，《WTO经济导刊》2005年第12期。

[133] [美] 詹姆斯·罗西瑙：《没有政府的治理：世界政治中的秩序与变革》，江西人民出版社2001年版。

[134] 李酣：《中国政府质量安全责任的消费者评价及影响因素——基于2012年全国调查问卷的实证研究》，《宏观质量研究》2013年第1期。

[135] 李青、水世、陈文斌：《中国资本主义工商业的社会主义改造：湖北卷·武汉分册》，中共党史出版社1991年版。

[136] 廖丽、程虹：《法律与标准的契合模式研究——基于硬法与软法的视角及中国实践》，《中国软科学》2013年第7期。

[137] 罗连发、陈昕洲、李艳红等：《2013年中国质量发展观测报告》，《宏观质量研究》2014年第2期。

[138] 罗英、沈珺、唐婷：《媒体参与质量维权的动因、路径及效应——以中央人民广播电台"天天315"栏目为例》，《宏观质量研究》2015年第1期。

[139] Sieber, P.：《商品和服务比较试验实用导则——以德国商品检验基金会的经验为基础》，GIZ，2013年。

[140] 王常伟、顾海英：《基于委托代理理论的食品安全激励机制分析》，《软科学》2013年第8期。

[141] 汪鸿昌、肖静华、谢康等：《食品安全治理——基于信息技术与制度安排相结合的研究》，《中国工业经济》2013年第3期。

[142] 王永钦、刘思远、杜巨澜：《信任品市场的竞争效应与传染效应：理论和基于中国食品行业的事件研究》，《经济研究》2014

年第2期。

[143] 武汉大学质量发展战略研究院：《中国特色质检体制机制研究》，武汉大学质量发展战略研究院，2014年。

[144] 武汉大学质量发展战略研究院：《2012中国宏观质量发展观测报告》，中国质检出版社2013年版。

[145] 武汉大学质量发展战略研究院：《2013中国宏观质量发展观测报告》，中国社会科学文献出版社2014年版。

[146] 武汉大学质量发展战略研究院：《2014中国宏观质量发展观测报告》，中国社会科学出版社2015年版。

[147] 吴敬琏：《当代中国经济改革教程》，上海远东出版社2010年版。

[148] 新华网：《我国检验检测机构约2.5万家，140家外资机构占近三成市场》，http://news.xinhuanet.com/food/2015-03/02/c_127536270.htm。

[149] 颜海娜、聂勇浩：《制度选择的逻辑——我国食品安全监管体制的演变》，《公共管理学报》2009年第3期。

[150] 张朝华：《市场失灵，政府失灵下的食品质量安全监管体系重构——以"三鹿奶粉事件"为例》，《甘肃社会科学》2009年第2期。

[151] 周玲、沈华、宿洁等：《风险监管：提升我国产品质量安全管理的有效路径》，《北京师范大学学报》（社会科学版）2012年第6期。

[152] 周燕：《政府监管的负效应研究——以强制性产品认证为例》，《学术研究》2010年第3期。

致　　谢

　　真到提起笔来才发现，原来这段致谢真心很难写。不仅是因为想感谢的人和事太多，还因为我想感谢这段时光，这页生活。

　　读博士，应当说是我的人生计划中，一段不长不短的美好意外。很庆幸，能够在全国最美丽大学中，最美丽山顶的桂树帷帐内，完成这一最高学历的求学过程。在这样一片不大的方寸之地，每天清晨穿过满树石榴花开的大门，和一群研究着共同问题的同僚探讨争论，傍晚听着云雀知了的鸣啼回到家中，再接着阅读文献、写作论文到转钟。每天大体相同的节奏步调，完全不同的事件细节，充实而满足，真的挺好。

　　能和一群各自专业、经历、生活背景各不相同的博士们，一起研究和全国所有人的生活都密切相关的同一个问题，是一段极为来之不易的经历。很庆幸在这样一个平台上，遇见了一个非常适合我的问题，遇见了众多德高望重、毫无保留的知名专家，认识了互相支持、共渡难关的同事，然后又变成了非常要好的朋友。要说读博士不辛苦那肯定是骗人的，不仅有近百年来学术界积累的前人文献需要阅读，还需要从千头万绪中整理出自己的观点形成文字，最重要的是研究的结论要能真的解决实际问题。整个博士二年级的一年，是我长这么大以来身体状况最差的一年，长期熬夜不规律的生活，险些出现不可逆的器质性病变，到现在也还没痊愈。非常感谢在这期间陪我去医院、帮我买饭、送我回家、陪我锻炼身体的朋友，更感谢博士期间一直帮助、支持我的老师、同事、同学、朋友们，真的很温暖！

　　三年即将结束之时再回头来看，多少付出都是值得的。与三年前相比，变化让我自己感到惊喜，不仅思维能力有所长进，更让我学会怎样从容、淡定地认真完成每一件事情和工作，真诚、友善、平和地面对每一个人，正是那些艰辛的事、虚伪的人，最终都变成了我成长的养分，成为坚持梦想的动力。

在整个博士论文的写作期间，得到了太多太多专家、社会精英、专业人员、同事、同学、朋友的帮助，特别是你们所贡献的智慧，帮助我充实与丰满了这篇文章，直至顺利完成。感谢论文预开题、开题时专家委员会的颜鹏飞、董惠、邓大松、向运华教授，指出了我文章结构中的不足，并提出了非常有指导意义的新思路。感谢德国哥廷根大学的 Gunter Silberer 教授，作为德国研究比较试验问题最权威的专家之一，专程从德国来到武汉大学，不仅带来了珍贵的早期研究资料，还带来了他在这一领域多年积累的经验与知识。感谢德国商品检验基金会 SW、德国国际合作机构 GIZ，为我在德国 SW 和国内相关机构的调研提供了全力支持与帮助。特别是 SW 的前董事 Peter Sieber 博士，虽然已经七十多岁了，仍然在中国各地传播 SW 的经验，并多次来到学院进行交流，为我的论文提供了诸多的实证案例与素材。感谢本书三个国内案例中比较试验机构的主要负责人，为我在国内比较试验机构的调研提供了非常有价值的实证材料。感谢王超、刘雅茜夫妇，帮我翻译看不懂的德文资料，并在多年的工作中不断地帮助我。感谢我的同事们，罗英、罗连发、余宏伟、邓悦、高娟等老师，我的同门同学陈昕洲、刘芸等，对我论文的结构、观点、写作方法等方面，提供了诸多有益的帮助。感谢李琼老师、肖宇博士，在我攻读博士学位期间的专题研究中提供了诸多的帮助。

最想要感谢的，是我的导师，程虹教授。认识程老师有太长的年份，从大学一年级听他讲经济学原理的课算起，至今已经有 13 个年头。很庆幸在大学一年级的时候听了程老师讲的这门课，倒不是因为那时他讲了多少经济学的理论，而是因为他用经济学的方法，告诉我们一个人从大学开始应该去追求一种什么样的生活，应该怎样去为梦想而努力。那时的我本来还在为没能考上理想的专业而沮丧，却在短短的时间内发现，原来一切都是最好的安排，有一个更美好的未来需要我去为之努力奋斗。从硕士到博士阶段的学习，程老师一直都是我见过最好的老师之一，不仅是在学习、研究上尽心尽力地传授他所有的方法和知识，还用他人生中所积累的所有经验，交给我作为一个人，独立面对外面的世界所需要的所有能力。在我看来，程老师是一个有很强的感染力，能够激发身边每一个人的活力的人，这种对生活与工作的激情，也逐渐成为我遵守的生活态度。在博士论文的写作中，程老师帮我找到了这样一个非常适合我的选题，同时提供了研究所需的一切有利条件、资源和研究经费，并在论文写作的全程都给予了精心的指导。

最后，我要感谢我的父母，他们是我永远的坚强后盾。我相信，妈妈对我永远无条件地信任，使我能够一直、并将继续坚强、自信地努力下去。还要感谢袁叔叔、均淼哥哥，你们最初的帮助，是我所有机会的开始。

真心地，再次感谢你们！

2015 年 5 月　于樱顶老外文楼